JN119420

市民がつくる
政治倫理条例

斎藤　文男

九州大学名誉教授
政治倫理・九州ネットワーク代表

公人の友社

はじめに

地方政治の不正・腐敗があとを絶ちません。あちこちの自治体で、議員や首長の汚職事件が起きています。刑事事件にはならないまでも、これら要職者の利権がらみの言動が取り沙汰されることも少なくありません。

近年、政治倫理条例を制定する自治体が増えてきました。この条例は、住民を代表する公職者がその権限や地位の影響力を不正に行使して私利を図ることを禁じています。平たくいえば、〝選良〟たちの公私混同をいましめ、バッジの威光で横車を押すようなまねはさせないという条例です。そのためには、議員や首長等の政治活動をできるだけ透明化し、カネにまつわる情報を住民の監視のもとに置かねばなりません。そうすることによって初めて、不正・腐敗の温床を取り除き、政治倫理の確立が可能になります。

こう言うと、「それは議員性悪説だ」「おれたちを悪者扱いするのか」と気色ばむ人がいます。でも、たとえ一部の議員にせよ、不祥事を起こしているのは事実です。そうした不始末の防止を議員個人の良心に委ねておいてよいのでしょうか。

個人の倫理と「政治倫理」は違います。個人倫理は、おのれの良心によって自己の行動を律するものでしょう。しかし政治倫理は、「公職者」の不正行為による政治腐敗を防止することであり、それには法制度がぜひとも必要です。

ご存じのとおり、工業製品にはＪＩＳマーク、農産物にはＪＡＳマーク、ホテルには「適」マークがあります。これらの表示制度は、消費者・利用者に商品やサービスの品質を保証しています。同様に、政治倫理条例は、いわば議員の品質保証――というと失礼なら、議員の「適格性」を保証する制度です。つまり、議員や首長等がその職責にもとる行為をしないという身の証しを立てることによって、有権者との信頼関係を築くものにほかなりません。

筆者は四〇年近く、各地の政治倫理条例の制定と運用にかかわってきました。小著はその経験を踏まえ、これから条例をつくろうとする人たちや、条例の運用に当たっている人たちの手引きとして書かれました。じつは、一九九九年に『政治倫理条例のつくり方』を、二〇〇六年にその新版を自治体研究社から出しましたが、品切れになったため内容をアップツーデートにした『政治倫理条例のすべて』を公人の友社から二〇一六年に出版しました。が、それも在庫がなくなったので、その後の諸問題を加筆・補正し、書名を『市民がつくる政治倫理条例』と改めて上梓《じょうし》した次第です。

今では、多くの自治体が政治倫理条例をもつようになったのは一見、結構なことですが、実際は「政治倫理」とは名ばかりの、ずさんな条例も増えました。なかには、「厳しすぎる」「実情に合わない」などとして改悪する例さえあります。この逆流をなんとしても押し止めねばならない。そのためには、政治倫理条例はどのようなものであるべきかを再確認する必要がある、との強い思いが著者に改版の筆を取らせました。

そんなわけで、本書はわたしたちの市民立法運動の実践記録でもあります。筆者が代表を務める「政治倫理・九州ネットワーク」は、全国各地の政治倫理条例の制定と運用のお手伝いをしてきました。連絡先を付記しておきます。

政治倫理・九州ネットワーク　事務局
福岡市博多区博多駅東二—二—二　博多東ハニービル7階（〒812-0013）
市川俊司法律事務所
（電　話）092-432-5211
（ファクス）092-432-5212
URL　http//www.seirin.gr.jp
E-mail　k-net@seirin.gr.jp

二〇二二年四月

九州大学名誉教授
斎藤文男

目次

四　条例の作成・運用のポイント＝Q＆A

問責制度

政治倫理条例

一　政治倫理条例とはなにか

堺市条例から約四〇年

政治倫理条例は一九八三年、大阪府堺市で初めて制定されました。きっかけは、収賄事件で有罪判決が確定した一市議の居座りでした。辞職を求める陳情も議会で握りつぶされ、業を煮やした市民が直接請求で制定させたのです。

それから約四〇年――。政治倫理条例は多くの自治体に広がりました。いまでは、北は北海道の石狩市から南は鹿児島県奄美大島《あまみおおしま》の大和村《やまとそん》まで、全国で三〇〇を超える自治体が条例をもっています。なかでも多いのは九州、とくに福岡県で、条例がないのは六〇市町村のうち一市一町一村だけです（二〇二一年三月現在）。政令市の福岡市にもあります。

かつては、堺市がそうだったように、汚職事件がきっかけで再発防止のために条例が制定されるケースがほとんどでした。しかし、いまは違います。政治倫理条例は、不祥事が起こらぬよう「転ばぬ先の杖」として制定されるようになりました。地方政治が住民の信頼を得るためには、腐敗防止の条例が不可欠だとの認識が定着したためでしょう。

条例の数が増えただけではありません。この間に、条例自体が進化しました。政治倫理条例の原型をつくったのは堺市ですが、そのご次第に改善が加えられ、今ではほぼ定型化しているといっていいでしょう。もちろん、自治体が制定する条例ですから、その内容は一様でないとはいえ、政治倫理条例とはどのようなものかについて理解がすすみ、標準仕様ともいうべき実例が数多く見られるようになりました。巻末資料に掲げたモデル条例がそれで、これは単なる案ではなく、現に施行されている代表的な条例です。

定型化した政治倫理条例

まず、スタンダードな政治倫理条例はどんなものかを見ておきましょう。

政治倫理条例はその名のとおり、地方政治に政治倫理を確立するための条例です。いいかえれば、地方政治の不正・腐敗を防止するための条例です。もう少し正確にいうなら、自治体の首長や議員など住民を代表する公職者が、その権限や地位の影響力を不正に行使して、自己または特定の第三者の利益を図ることを防止するのが、この条例の目的です。

しかし、そのためには、条例で「こんなことをしてはいけない」「こうしなければならない」と定めるだけでは不十分です。政治倫理が遵守されるような仕組みが必要です。政治倫理条例はこの仕組みがあってこそ実効性をもちうるので、これを欠けばただの〝道徳訓話〟にすぎなくなります。

政治倫理条例は、三本の柱と三本の梁《はり》で組み立てられています。三本の柱は①政治倫理規準、②請負辞退・指定禁止、③資産公開で、三本の梁は①政治倫理審査会、②住民の調査請求権、③問責制度です。これらの柱と梁がしっかり噛み合っていないと、政治倫理条例という建物はたち上がりません。

政治倫理条例の骨組みを簡単に説明しておきましょう。

まず、三本の柱の一本は政治倫理規準です。政治倫理規準とは、首長等・議員が遵守すべき行為規範のことで、公職の責務にもとる行為を禁じています。すなわち、①職務上の不正疑惑行為、②地位利用の金品授受、③公共工事の請負や指定管理者の指定の口利き、④職員の採用・昇格等の推薦、⑤職員の職務執行への不当介入、⑥政治的・道義的批判のある企業献金の収受の禁止がそれです。

二本目の柱は、請負辞退と指定禁止です。請負辞退とは、首長等・議員の関係企業が当該自治体の公共工事の請負を辞退することをいいます。請負をめぐっては不正・腐敗が生じがちで、これを防止するためです。地方自治法は、首長等・議員本人が役員を務める企業と自治体との請負契約を禁じていますが、条例はこれを親族企業にまで広げました。役員を親族名義に替えて請負をする脱法行為があとを絶たないからです。

また指定禁止とは、首長等・議員の親族企業や団体は、当該自治体の指定管理者の指定を受けることができないことをいいます。指定管理者とは、住民が利用する公の施設の管理・運営を自治体に代わって行う者のことです。この指定管理者の指定をめぐっても請負と同様、不正・腐敗が生じやすいため、親族企業・団体の指定を禁じています。

三本目の柱は資産公開です。これはご存じのとおり、公職利用の私腹肥やしを防ぐため、公職者の資産を公開するものです。しかし、現行法の資産公開は、嘘でもなんでも資産報告書を出しさえすればよく、これをチェックする機関がありません。しかも、都道府県および政令市を除く一般市町村の議員には、そんなずさんな資産公開さえ義務づけられていません。

政治倫理条例は、首長等・議員すべての資産公開を定め、政治倫理審査会が資産報告書を審査し、その結果を公表することにしています。

しかし、柱は梁がなければ倒れてしまいます。三本の柱にわたす三本の梁が必要です。

一本目の梁は政治倫理審査会です。これは政治倫理の「お目付け役」といえましょう。審査会は、資産報告書を審査するほか、条例違反の疑いで住民が調査を請求した事案について調査・審査を行い、条例違反の有無を認定し、違反者に対する措置を勧告します。審査会は、有識者と住民からなる常設の第三者機関です。

二本目の梁は住民の調査請求権です。これは、①政治倫理規準や②請負辞退・指定禁止の違反、③資産報告書の疑義、④その他この条例違反の疑いがあるとき、住民が審査会の調査を請求する権利のことです。

どれほど立派な政治倫理規準も、厳しい請負辞退や指定禁止も、それだけではキレイごとの〝作文〟にすぎません。条例違反の疑いがあれば住民が調査請求を行い、これを受けて審査会が条例違反を認定し、違反者に対する措置を勧告してこそ、政治倫理条例は実効性をもちえます。

三本目の梁は問責制度です。これは、首長等・議員が犯罪容疑で逮捕ないし起訴され、なお職にとどまるときは、住民が説明会の開催を請求し、その政治・道義責任を追及する仕組みです。説明会は、公正な運営を図るため審査会が主宰します。

先に述べた政治倫理規準、請負辞退・指定禁止、資産公開が政治腐敗の一般予防策であるのに対して、問責制度は、起きてしまった刑事事件の個別的な事後措置といえるでしょう。

情報公開・住民統制

不正・腐敗は人目につかぬところで生じがちです。だから、政治家の活動をできるだけ透明化し、身辺の情報を公開することが、公正な政治の必須条件でしょう。「公開」が不正・腐敗を防止し、「公正」を保障する。政治倫理条例は、こうした見地に立ってつくられています。条例の柱である資産公開は、政治家のカネにまつわる情報の公開制度にほかなりません。また、首長等・議員が請負を辞退すべき関係企業を公表するのも、蔭で行われる利益誘導を封じるためです。

このように政治倫理条例は、これまでブラックボックスだった住民の代表者の政治活動を明るみに出し、これをチェックするための仕組みです。この条例は取締法ではなく、罰則規定もありません。憲法の「知る権利」に基づいて行政情報の公開法や公開条例があるように、政治倫理条例は首長等・議員の政治活動に関する情報公開制度なのです。

同時に、この条例は、ポピュラー・コントロール（住民統制、住民監視）の制度でもあります。住民の調査請求権と政治倫理審査会がその仕組みです。審査会は住民の調査請求により開かれ、委員には住民が入っています。そして、首長等・議員の条例違反を認定し、違反者に必要な措置を勧告します。つまり、主権者たる住民がその代表者の条例違反の責めを問うわけです。

また問責制度は、住民の請求により説明会が開催され、犯罪容疑で逮捕・起訴された首長等・議員の政治倫理責任を住民自身が追及する仕組みです。その釈明に納得できなければ、住民は次の選挙で落とすなり、リコールすればよいのです。説明会は、その判断材料を住民が得るための場でもあります。

このように政治倫理条例は、広義の情報公開制度であると同時に、住民統制の制度でもあり、住民自治の理念を具体化したものといえるでしょう。

二　なぜ政治倫理条例が必要か

公職者の適格性の保証

前章で、政治倫理条例とはおよそどのようなものか、おわかりいただけたと思います。しかし、それでも――いや、そんな条例だからこそ反対だ、という方もおられるかもしれません。その言い分はさまざまです。「倫理は法になじまない」「政治活動を法で縛りすぎると、政治の活力が失われる」「刑法の収賄罪や政治資金規正法、それに資産公開法や条例もあるのに、政治倫理条例を制定するのは〝屋上屋を架す〟ものだ」などなど。

だが、それはすべて誤解です。さもなければ、反対のための反対です。なるほど、個人倫理は各人が良心に従っておのれを律するものでしょう。しかし、「政治倫理」は違います。それは、重要な公職にある者がその職責にもとる行為はしないという有権者との約束です。その約束を破ることは主権者への背信行為であり、公職者としての適格性の欠如を意味します。だから、その適格性を保証するのは当人の良心ではなく、政治倫理に反する行為を防止する法制度なのです。

米国には、政府倫理法（一九七八年）があります。それは、正副大統領、上下両院議員とその候補者、連邦裁判官、上級行政職員に対しても在職中の利殖行為を禁じ、本人のみならず配偶者・扶養の子女の資産も公開を義務づけています。じつは、堺市の政治倫理条例第一号はこれに倣ったものです。そのため、「倫理」の名が付くものの、むしろ端的に政治腐敗防止条例としたほうがよかったのかもしれません。実際、自社さ連立政権の時代、旧社会党が中心になって「政治腐敗防止法」を準備したことがあります。しかし、「腐敗防止」ではイメージが悪い、「政治倫理確立法」とせよと異を唱え、結局、制定させなかったのは自民党でしたが……。

口利き政治をなくす

また、政治活動を法で規制しすぎると、政治の活力が殺《そ》がれる。どうせ守れないような条例などなくてよい、という人がいます。しかし、政治家が肩書に物を言わせて私腹を肥やすことは「政治の活力」でしょうか。自分に都合が悪い条例はつくるな、というだけのことではありませんか。

もう四半世紀も前、福岡市で政治倫理条例の制定が日程にのぼったときのこと。参考人の意見聴取が行われましたが、保守会派の推薦した有識者（大学名誉教授）は、こう意見陳述して傍聴者の失笑を買いました。「都市高速道路ではだれも六〇キロで走っていない。一〇〇キロ出せばつかまるが、流れの中で七〇キロ、八〇キロ出してもつかまらない」（のち記録から削除）。「細かいことまで網をかけようとしたら、政治活動ははっきり言ってできない。条例は必要ない」。

しかし政治倫理条例は、正当な政治活動をいささかも規制するものではありません。政治家の不正な利権あさりを防止するための条例です。それが「守れない」というのは、自ら利権政治屋であることを告白するようなものでしょう。先の政治腐敗防止法案に反対した某国会議員は、「政治家とはあっせんする動物である」と名せりふ（?）を吐きました。政治家は官と業を取り持つのが仕事、見返りをもらって何が悪い。「口利き料」も政治資金規正法にしたがって届け出ればシロになる、というわけです。が、こんな論法が通るなら、泥棒だって所得申告をすれば無罪になるではありませんか。

もう少しもっともらしい反対論は、現行法で政治倫理の確立は図れるから、いまさら条例は不要というものです。しかし、刑法の贈収賄罪（第一九七条～第一九八条）やあっせん利得処罰法（公職にある者等のあっせん行為による利得等の処罰に関する法律、二〇〇〇年）は汚職を犯罪として罰する刑事法で、犯罪には至らない職権利用の利得行為を規制するものではありません。犯罪に当たらなければ、政治家の不法な利権活動は野放しで、なんの法規制もないのです。

現行法で腐敗は防げない

なるほど、政治活動に関しては、公職選挙法や政治資金規正法があるにはあります。しかし、公選法は選挙制度を定めた法律で、自由かつ公正な選挙が行われるよう選挙運動を規制しているにすぎません。また政治資金規正法は、政治団体と公職の候補者の政治活動を「国民の不断の監視と批判の下」に置くため、カネの流れの公開を定めていますが、公開は「政治団体に係る政治資金の収支」に限られます（第一条）。しかも、収支報告書のチェック機関がなく、政党支部を通じての「迂回献金」は野放しで、政治活動にともなうカネの出入りの不透明さはいっこうに改まっていません。

一方、政治家の個人資産の公開については、国会議員の資産公開法（政治倫理の確立のための国会議員の資産等の公開等に関する法律、一九九二年）があり、自治体はこれに基づいて資産公開条例を制定しています。資産公開法が、都道府県・政令市は首長および議員について、一般市町村は首長のみについて、国に準じた条例を一九九五年末までに制定するよう義務づけていたからです（第七条）。そのため、資産公開条例の大半は、国の資産公開法を引き写しにしています。

ところが、その資産公開法自体が「ザル法」で、これに右へ倣えした資産公開条例も同様の批判を免れません。なぜなら、政令市を除く市町村では議員に適用がないうえに、①報告は本人名義の資産に限られ、家族名義の資産隠しは野放し、②報告事項の目が粗く、抜け穴だらけで、③証明書の添付も不要、④報告書をチェックする機関もなく、⑤報告書の不提出や虚偽記載に対する罰則もないために、信憑性《しんぴょうせい》（真実性、信頼性）に乏しい資産報告書の出しっ放しに終わっているからです。こんな形だけの資産公開では、政治腐敗の防止はとうてい期待できません。

それに、そもそも、資産公開だけで政治腐敗は防止できるものではありません。資産公開は、政治家の地位利用による蓄財を事後的にチェックする制度であって、政治腐敗をもたらす利権あさりを規制するものではないからです。地位利用による不正な利得行為を禁じ、政治活動の透明・公正を確保するためには、資産公開にとどまらず、政治家が遵守すべき行為規範（政治倫理規準）や利権絡みの請負契約の規制、指定管理者の指定の禁止を定め、これに違反する疑いや資産報告書に疑義があるときは、住民の調査請求に基づき第三者機関（政治倫理審査会）がこれを審査し、その結果を公表するとともに、違反者への制裁措置を勧告する仕組みが必要です。政治倫理条例はこれを定めたものにほかなりません。

このように政治倫理条例は、現行法ではカバーできない不正な政治活動を規制するための条例であって、決して「屋上屋を架す」ものではありません。しかも、この条例は違反に罰則のある取締法ではなく、政治活動の透明・公正化を図るための情報公開制度であることは、くりかえし述べたところです。行政情報の公開については条例があるのに、一般行政職より重い職責と権限をもつ首長等・議員の政治活動について情報公開制度がなく、政治倫理にもとる行為を野放しにしておいてよいわけがありません。

三　政治倫理条例の仕組み

では、政治倫理条例はどのようにつくればよいのか、本題に入りましょう。巻末に示したモデル条例に沿って話を進めることにします。これは市を例にしていますが、町村や都道府県の場合も変わりはありません。

政治倫理条例が三本の柱と三本の梁で組み立てられていることは、前述しました。改めて確かめておきますと、①政治倫理規準、②請負辞退・指定禁止、③資産公開が三本の柱で、①政治倫理審査会、②住民の調査請求権、③問責制度が三本の梁です。このどれが欠けても条例の屋台骨は揺らぎ、屋根をふくこともできず、人の住める家屋にはなりません。欠陥住宅ならぬ「欠陥条例」です。

が、その前に、建物の用途と敷地を決めておく必要があります。条例の目的規定と適用対象です。これから説明しましょう。

1　目的規定

どのような法律や条例も、冒頭に目的規定を置きます。これは立法目的を明らかにし、法律や条例の内容を簡潔に示すとともに、解釈・運用にあたっての指針となるものです。

政治倫理条例の目的規定はこうです。

第一条　この条例は、市政が市民の厳粛な信託によるものであることにかんがみ、その受託者たる市長、副市長、教育長（以下「市長等」という。）及び市議会の議員（以下「議員」という。）が、市民全体の奉仕者として人格と倫理の向上に努め、いやしくもその権限又は地位の影響力を不正に行使して自己又は特定の者の利益を図ることのないよう必要な措置を講ずることにより、市政に対する市民の信頼に応えるとともに、市民が市政に対する正しい認識と自覚を持ち、もって公正で開かれた民主的な市政に寄与することを目的とする。

政治倫理条例は、首長等・議員が、その権限または地位の影響力を不正に行使して、自分や特定の第三者の利益を図ることのないよう必要な措置を定めています。

その前提には、そもそも地方政治は主権者たる住民の「厳粛な信託」によるものであって、首長等・議員はその「受託者」なのだ、という民主主義の原理があります。憲法も、前文で「国政は、国民の厳粛な信託によるものであって、その権威は国民に由来し、その権力は代表者がこれを行使し、その福利は国民がこれを享受する」とうたっていますが、これは地方政治についてもいえることです。

このように住民の信託に基づき、住民の代表者として権力を行使する首長等・議員は、住民「全体の奉仕者」であって、「一部の奉仕者」であってはなりません（憲法第一五条第二項）。首長等・議員がその権限や地位を悪用して私利を図ることは、主権者・住民の信託に背く行為であり、住民を代表する公職者の責務に反します。政治倫理条例は、こうした不正な行為によって政治が腐敗することを防止するためのものです。

そして、住民を代表する公職者が公私混同を戒め、その職責にもとる振る舞いをしないことは、公職者自身が住民に対し自ら証しすべきものです。この条例の遵守は、その証しを立てることにほかなりません。また、住民も主権者として地方政治に対する正しい認識をもつ必要があります。そうすることによって、公職者と住民との信頼のきずなを強め、公正で民主的な地方政治の発展が可能になるでしょう。政治倫理条例の究極の目的は、そこにあります。

ここで、目的規定の文言について一、二コメントしておく必要があります。条例は、首長等・議員がその「権限」だけではなく、「地位の影響力」を不正に行使して私利を図ることも禁じています。それは、公職者が「その職務に関し」賄賂を受け取ったときは刑法の収賄罪（第一九七条第一項）になりますが、職権とは関係なく、地位の影響力を行使した不正利得には刑法の適用がないからです。とくに、政治家は所掌事務が明確な一般行政職とは異なり、その職務権限は広範かつ曖昧なため、収賄罪の適用は実際上、はなはだ困難です。

そのため、政治家（国会議員と公設秘書、自治体の首長・議員）については、職務に関しなくても、「その権限に基づく影響力を行使して」公務員の職務執行に介入し、あっせん利得を得ることを刑事犯罪とする「あっせん利得処罰法」（公職にある者等のあっせん行為による利得等の処罰に関する法律）が二〇〇〇年に制定されました。しかし、これとても、①国や自治体の「契約」または「行政処分」に関し、②政治家が「請託」を受けて、③その権限に基づく影響力を行使し、④公務員にその職務上の行為をさせるように、又はさせないようにあっせんすること又はしたことにつき、⑤その「報酬」として「財産上の利益」を得たときに限られます。したがって、政治家が権限はないのにバッジの威光で、職員に行政処分でない事実行為を強要し、財産以外の利益を得たような場合には適用されません。たとえば、人事権をもたない議員が知人の職員採用の口利きをして、その見返りに政治献金を受けたような場合です。しかも、請託の有無やあっせんと利得の対価性の立証は容易ではないため、この種の事件はまれにしか立件されないのが現実です。政治倫理条例は刑罰法規ではありませんが、首長等・議員が「その地位の影響力を不正に行使して」私利を図ることは政治倫理に反する行為として、規制しています。刑事法と異なる政治倫理条例の眼目は、この点にあります。

もうひとつ、この条例は、地位利用による利得行為を「自己又は特定の者」の利益を図ることと定めています。つまり、自己の利益だけではなく、特定の第三者の利益を図る場合も規制されるわけで、たとえば身内や後援団体、親密な業者の利益を図ることも含まれます。これらも「住民全体の奉仕者」たるべき公職者の責務に反し、政治を利権化するものだからです。

ちなみに、刑法の背任罪も「自己若しくは第三者の利益」を図る目的で任務に背く行為をし、本人に財産上の損害を与えたとき、と定めています（第二四七条）。また、国家公務員倫理規程（二〇〇〇年）は、公務員が「その職務や地位を自らや自らの属する組織のための私的利益のために用いてはならない」としています（第一条第二号）。むろん、政治家の場合、主張する施策が特定の人びとの利益になることはありえますが、それは正当な政治活動であって、権限や地位の影響力を「不正に行使」した利得行為に当たらないことはいうまでもありません。政治倫理条例は、首長等・議員の政治活動の透明化・公正化を図るものであって、その正当な政治活動をいささかも制約するものではありません。

2　適用対象

条例の適用対象は、首長、副首長、教育長および議員とするのが通例です。これに公営事業管理者、農業委員などを加える例もあります。

これらの公職者は、選挙制か任命制かを問わず、いずれも自治体の重要な政治意思決定に携わり、広範な裁量権をもっています。それだけに、政治・行政の運営に大きな影響を及ぼすだけでなく、一般の人が知りえない情報に接することができ、さまざまな利益や便益を得る機会にさらされます。そのため、ときに「全体の奉仕者」たることを忘れ、職権や地位の影響力を不正に行使して特定の人や団体の便宜を図ったり、私腹を肥やしたりする不祥事も起きがちです。条例の適用対象は、こうしたリスクの大きい地位にある公職者とすべきです。

ちなみに、右に挙げた公職者のうち、首長と議員は選挙によって選ばれ、これらの者と教育長、農業委員などについては、リコール（解職請求）の対象とされています。これが「国民固有の権利」としての公務員の選定・罷免権（憲法第一五条第一項）に基づくことはいうまでもありません。したがって住民は、選挙権や解職請求権を適正に行使するためにも、これら公職者の政治活動について「知る権利」を有し、知る必要があります。

このような見地から、条例の適用対象を選挙で選ばれる首長・議員に限るのは、狭きに失します。副首長、教育長は、首長とともに行政運営の中枢を占め、その権限と裁量が大きいことに照らして、適用対象とすべきです。また、地域の実情に応じて、利権が絡みがちな公営事業管理者や農業委員などを適用対象とすることも立法上、十分な合理性があります。ただ、リコールの対象となる特別職（選挙管理委員、監査委員、公平委員など）のすべてを適用対象とすることは、その職権が限られ裁量権も小さいため、好ましくありません。

また、適用対象を一般職の幹部にまで広げることも避けるべきでしょう。職員の服務規律は地方公務員法で定められ、その違反に対しては一義的には首長の懲戒処分によるべきだからです。職員汚職の予防策としては、国家公務員倫理法（一九九九年）と国家公務員倫理規程（二〇〇〇年）に倣った職員倫理条例やコンプライアンス（法令遵守）条例を別個に制定する必要があります。政治倫理条例は、その適用対象をいたずらに拡大するのではなく、対象を政治職に限り、むしろ内容のしっかりしたものにすべきです。

ちなみに、従来、条例の多くは適用対象を市長、助役、収入役、教育長としていましたが、二〇〇六年の地方自治法改正により収入役が廃止され、一般職の会計管理者となったため適用対象から外れ、助役は福市長と改められました。

3　政治倫理規準

さて、いよいよ条例の本体ですが、まず政治倫理規準から検討しましょう。これは、首長等・議員が遵守すべき行為規範を定めたものです。

ご存じのとおり国会議員については、国会法（第一二四条の二、三、五）に基づき衆参各院が定めた「政治倫理綱領」と「行為規範」があり、各院に政治倫理審査会が置かれています。これはロッキード事件や相次ぐ国会議員のあっせん収賄事件をきっかけに、政治倫理の確立を図るため、一九八五年に設けられたものです。その政治倫理綱領（両院とも同じ）は、「われわれは、主権者たる国民から国政に関する権能を信託された代表であることを自覚し、政治家の良心と責任感をもって政治活動を行い、いやしくも国民の信頼にもとることがないよう努めなければならない」（前文）として、次のことを定めています。

一　われわれは、国民の信頼に値するより高い倫理的義務に徹し、政治不信を招く公私混淆《こんこう》を断ち、清廉を持し、かりそめにも国民の非難を受けないよう政治腐敗の根絶と政治倫理の向上に努めなければならない。
一　われわれは、主権者である国民に責任を負い、その政治活動においては全力をあげかつ不断に任務を果たす義務を有するとともに、われわれの言動のすべてが常に国民の注視の下にあることを銘記しなければならない。
一　われわれは、全国民の代表として、全体の利益の実現をめざして行動することを本旨とし、特定の利益の実現を求めて公共の利益をそこなうことがないよう努めなければならない。
一　われわれは、政治倫理に反する事実があるとの疑惑がもたれた場合にはみずから真摯《しんし》な態度をもって疑惑を解明し、その責任を明らかにするよう努めなければならない。
一　われわれは、議員本来の使命と任務の達成のため積極的に活動するとともに、より明るい明日の生活を願う国民のために、その代表としてふさわしい高い見識を養わなければならない。

これに基づいて行為規範がつくられ、その中で議員に①不正疑惑行為の自粛、②企業・団体役員の届出（有報酬のみ）、③収入・贈与の報告（歳費の半額を超えるもののみ）を義務づけ、議長・副議長には④企業・団体役員との兼業禁止（有報酬のみ）、常任委員長・特別委員長には⑤所管の企業・団体役員との兼業禁止を定めています。この行為規範は、のちに資産公開法の制定につながりました。

しかし、政治倫理綱領や行為規範は議員の「申合せ」にすぎず、法的効力はありません。しかも、綱領の規定はいずれも限定的で、努力義務にとどまります。これに対して、政治倫理条例の政治倫理規準は単なる「申合せ」や自粛決議ではありません。法的拘束力のある条例で定め、抽象的な義務を具体化するとともに、それが遵守される仕組みを裏打ちしています。

じつは、初期の条例には、この政治倫理規準がありませんでした。しかし、条例が改善されるにつれて倫理規準を加える例が増え、いまでは条例の大黒柱となっています。そしてその規定も、以下にみるとおりほぼ定型化するにいたりました。項目は、一般的なものから具体的なものへと順に並んでいます。

（1）不正疑惑行為の自粛

この規定は、首長等・議員が「市民全体の代表者として品位と名誉を損なうような一切の行為を慎み、その職務に関して不正の疑惑を持たれるおそれのある行為をしないこと」と定めています。これはやや抽象的で訓示的とはいえ、原則的な規定です。これがあるからこそ、次項で「政治倫理に反する事実があるとの疑惑を持たれたときは、自ら清い態度をもって疑惑の解明に当たるとともに、その責任を明らかにしなければならない」義務を公職者が負うことになります。

そして、政治倫理規準違反の疑いがあれば、住民は調査請求をすることができ、これを受けて政治倫理審査会が調査・審査を行い、その結果を公表し、違反者に必要な措置を勧告することによって、倫理規準の実効性を担保しています。この点は、以下の号についても同様です。

（2）地位利用の金品授受の禁止

この規定も公職者として当然のことで、条例の目的規定のくり返しのようですが、右に述べた仕組みにより実効性が担保されている点で、要綱や議会の自粛決議とは異なります。その趣旨は、首長等・議員の地位利用による金品授受を一般的に禁ずるところにあります。たとえ刑法上の収賄罪に当たらなくても、公職者がその地位を利用して金品を授受することは、公正な職務の執行を損ない、前号にいう「職務に関して不正の疑惑を持たれるおそれのある行為」の最たるものだからです。むろん、私人としての社会的儀礼は別ですが、口利きの報酬や実働のない顧問料を受け取ることなどは、この規定に反します。

（3）請負等のあっせん禁止

この規定は、首長等・議員が当該自治体の発注する公共工事の請負契約（下請負を含む）、業務委託契約、物品納入契約および指定管理者の指定に関して、特定業者に有利な取計いをすることを禁じています。その趣旨は、しばしば汚職事件をひき起こす「口利き」を封じるためで、見返りの有無を問いません。たとえ対価として報酬を得なくても、口利き自体が職員への圧力となり、適正な行政執行をゆがめるおそれがあるからです。むろん、口利きの成否を問いません。

ここにいう自治体には、自治体が設立した公社や出資法人も含まれます。これらは、多額の公金を投入して自治体の事業の一翼を担い、首長等が代表を務めるのが通例だからです。ちなみに、あっせん利得処罰法も、資本金二分の一以上の出資法人の契約・処分にかかるあっせん利得行為を処罰の対象としています。

また、指定管理者の指定の口利きを禁じているのは、二〇〇三年の地方自治法改正で、住民が利用する公の施設の管理業務を民間業者も代行できることとなったため、この指定をめぐっても請負と同様、不正・腐敗が生じるおそれがあるからです。

後述するように、この規定の前提として、条例は首長等・議員の関係企業の請負辞退や指定管理者の指定禁止を定めています。

（4）職員の職務執行への不当介入の禁止

この規定は、首長等・議員が職員の適正な職務執行を妨げたり、職員の権限を不正に行使するよう働きかけたりすることを禁じています。たとえば、公共工事の入札予定価格を担当職員から聞き出したり、開発をめぐって縁者の土地を自治体に高値で買い取るよう職員に求めるといったことがこれに当たります。前号が禁ずる請負等のあっせんも、この規定に触れる場合が多いでしょうが、本号は広く行政行為一般について、首長等・議員の「不正な働きかけ」を禁ずるものです。その趣旨は、職員に対するこうした政治的圧力によって、行政の中立・公正が損なわれないようにするためにほかなりません。その意味で、この規定は一般職員を保護する面も持っています。

政治倫理条例をもつ自治体の多くは、併せて職員倫理条例やコンプライアンス（法令遵守）条例を制定し、議員だけではなく、業者や上司の不正な働きかけから適正な職務執行をまもる仕組みを設けています。こうした職員倫理条例と政治倫理条例との一体的運用を図れば、この規定の実効性はいっそう高まるでしょう。

（5）職員の採用等の推薦禁止

この規定は、職員の採用・昇格や異動に関して首長等（人事権をもつ首長を除く）・議員の介入を禁じています。これは、前号の行政一般への不当介入の禁止に含まれるともいえますが、実際に職員人事をめぐる不祥事が起きがちなため、別に明文規定を設けたものです。

職員には、非常勤や臨時の職員も含むべきでしょう。

（6）道義的批判のある企業献金の自粛

この規定は、首長等・議員が政治活動に関し企業・団体からの寄附（献金）を受けることを禁じ、その資金管理団体についても、政治的・道義的批判を受けるおそれのある献金を受けないことと定めています。一九九四年の政治資金規正法の改正により、首長等・議員個人に対する政治献金が禁じられたため、この規定の前段は、いまでは確認的な意味をもつにとどまります。しかし同法は、その資金管理団体（後援会）や自身が支部長を務める政党への政治献金の授受を一定の限度で認めていますから、むしろ後段の規定が重要といえます。

現行の政治資金規正法は「政治活動の公明と公正を確保」するため、補助金交付団体や出資法人、赤字企業の政治献金を禁止するなど、不適切な企業・団体献金を禁止しています。さらに、一九九四年の改正の際、企業・団体献金を廃止し個人献金に切り替える方向で施行五年後の見直しを行う附則が加えられました。また、政党支部を介した企業・団体からの「迂回献金」が問題化し、その是正も検討課題となっています。いずれも実現には至っていないものの、こうした経緯に照らしても、条例で政治・道義的批判のある企業・団体献金を受けない旨の自粛規定を設けることは、それが刑罰規定でないかぎり、法律に抵触するものではありません。

そして次項で、以上のような政治倫理規準に反する疑いをもたれたときは、首長等・議員は自らすすんで疑惑の解明に当たり、その責任を明らかにしなければならない旨を定めておく必要があります。これが、後述する政治倫理審査会の審査や住民の調査請求権、問責制度の法的根拠となるからです。

4　関係企業の請負辞退・指定禁止

政治倫理条例は、首長等・議員の関係企業が自治体との請負契約を辞退し、また自治体がこれら企業を指定管理者に指定することを禁じています。これも政治倫理規準の一つといえなくもありませんが、請負辞退や指定禁止は規制の対象が首長等・議員の関係企業だけではなく団体や個人にも及び、規制の方法も異なるため、別個の規定を設ける必要があります。そしてこの規定は、政治倫理規準が定める首長等・議員による関係企業への口利き禁止の前提をなしています。

初期の条例にはこの規定はありませんでしたが、公共工事の請負や指定管理者の指定に絡んでしばしば起こる不祥事を防ぐために加えられ、いまでは条例の不可欠な柱となっています。

(1)　請負契約の辞退

周知のとおり、地方自治法は議員、首長、副首長等が役員を務める企業が当該自治体の公共工事を請け負うことを禁じ、違反すれば公職を失う、と定めています（第九二条の二、第一四二条、

第一六六条、第一六八条、第一八〇条の五、第一二七条、第一四三条)。その趣旨は、議員・首長等が業者の選定、議会の承認、契約の締結など請負契約に直接・間接に関与する立場にあることから、議会運営の公正と行政執行の適正を確保するため、自治体と営利的な取引関係に立つことを禁ずるところにあります。

しかし、自治法は配偶者や親族の請負を明文で禁じていないために、企業の代表者を身内に名義替えして公共工事を請け負う脱法行為が一般化しています。この点はかねて懸念されていたことで、立法者も次のように警告していました。「実際において、議員がそれら配偶者や子弟の請負について実質的な支配力を及ぼし、全く配偶者や子弟の請負は名目のみで、実質はその議員が請け負っているのとなんら異ならないような場合もありうるのであって、このような事態も、〔請負の丸投げと〕同じく本条の趣旨から極力避けられねばならないところである。実際の運用において注目されねばならない点と考える」(長野士郎『逐条地方自治法』学陽書房、一九五三年)。著者は自治法の制定に当たった自治省(現総務省)の元事務次官で、のちの岡山県知事。この注釈書は自治体職員のバイブルとされ、改訂を重ねてきましたが、これを引き継いだ松本英昭『新版・逐条地方自治法』でも、右の箇所は一字一句の変更もありません(同、二〇一五年、八次改訂版三五四〜三五五頁)。

政治倫理条例は、自治法の請負禁止(兼業禁止、関係私企業からの隔離ともいう)規定のこのような趣旨を尊重して、配偶者や親族が役員をする企業は、当該自治体との請負契約を辞退するよう努めなければならない、と定めています。これを禁止規定とせず、努力規定にとどめているのは、地方自治法や憲法との抵触論議を避けるためです。

(2) 関係企業の範囲

請負契約を辞退する企業の範囲は、首長等・議員本人が役員をしている企業のほか、その配偶者、同居または二等親以内の親族が役員をしている企業、首長等・議員が実質的に経営に携わっている企業とするのが通例です。当初は、配偶者および一、二親等の「親族企業」とだけ定めていましたが、血縁のないダミー会社で規制をすり抜ける例もあるため、いまでは大半の条例が首長等・議員の実質経営関与企業を含めています。

実際、自治法の兼業禁止規定があるため、土建会社の経営者が議員になると、役員の名義を配偶者や息子・兄弟に変えたり、名目だけ取締役からヒラ社員に変えたりすることが、ごく一般的に行われています。自治法は、議員が役員をしている企業の請負を禁じていますが、親族会社については規定がないからです。また、親族企業の請負辞退の政治倫理条例があるところでは、血縁のないダミー会社に公共工事を請け負わせるなど、あの手この手の脱法行為が行われているのが実情です。これを封じるためには、親族企業だけではなく、実質経営関与企業も含めて請負辞退を定める必要があります。

もっとも、「実質的に経営に携わっている企業」の文言はやや曖昧ですから、定義規定を置く必要があります。条例の多くは、首長等・議員が①資本金その他これに準ずるものの三分の一以上を出資している企業、②年額一〇〇万円以上の報酬（顧問料その他名目を問わない）を得ている企業、③経営方針または主要な取引に関与している企業、と定めています。いずれも、経営への実質的関与を推認させる事実だからです。

なお、条例で地方自治法の請負規制を二親等企業まで広げるのは、自治法や憲法に違反するのではないかとの議論がありましたが、この点については最高裁の合憲判決（二〇一四年五月二七日）が出て、すでに決着済みです（Q11参照）。

（3）請負その他の契約

辞退すべき契約は、請負契約だけではなく、業務委託契約、物品納入契約等を含みます。もともと、地方自治法の兼業禁止規定にいう「請負」とは、民法上の請負（当事者の一方が仕事の完成を約束し、相手方がその仕事の結果に対し報酬を約束すること）にかぎらず、広く業務として継続的になされる経済的・営利的な取引一般を指すと解されています。したがって、物品や業務を提供する契約も当然、請負契約の辞退に含まれます。条例の規定は、これを確認的に明示したにすぎません。

右の趣旨から、店舗での単発的な物品販売などは、この規定には触れません。しかし、下請負についてはその実態はさまざまで、自治体と直接の契約関係はなくても、一括下請負（丸投げ）

で実際は元請負と変わらない場合もあります。この点、立法者も次のように述べています。「実際には、下請負の形でなされていても、請負者が請負った行為や業務内容の全部を一括してさらに請負うものであるような一括請負等の方法によって、実質上それが元請負と異ならない単に名目を下請負ということにしたに過ぎないような場合もありうるのであって、このようなことは、本条〔自治法第九二条の二〕の趣旨を全く没却した脱法的行為というべく妥当を欠くものといわざるを得ない」（松本前掲書三五四頁）。その後、入札契約適正化法（公共工事の入札及び契約の適正化の促進に関する法律、二〇〇〇年）が制定され、公共工事に関しては一括下請負が禁じられました（第一二条）。条例の「請負契約」に括弧書で「下請負を含む。」とあるのは、そのためです。

また、条例の請負辞退は、自治体だけでなく、地方公社（地方住宅供給公社、土地開発公社、地方道路公社）や自治体の出資法人（財団法人、社団法人、株式会社、有限会社の形態を問わず）の請負を含みます。これらは自治体とは別個の法人とはいえ、多額の公金を使って自治体の事業の一翼を担い、自治体幹部が役員である例が多いため、請負辞退の対象となるべきものだからです。

ただし、請負を辞退すべき出資法人は、自治体が資本金の二分の一以上を出資している法人に限ります。地方自治法が首長については出資法人との兼業を例外的に認め（第一四二条）、同施行令でこれを二分の一以上の出資法人と定めているからです（第一二二条）。これは、出資法人の運営に自治体が責任を負うため、首長等がその管理者となる必要があるからです。この点、条例も法令に従います。

(4) 辞退届の提出・公表

請負辞退は禁止規定ではなく、努力規定です。だから、関係企業は「契約をしてはならない」ではなく、「契約を辞退し、市民に疑惑の念を生じさせないよう努めなければならない」と定めています。

そのうえで条例は、関係企業のある首長等・議員に対して、関係企業が作成した請負辞退届の提出を義務づけています。すなわち、首長等・議員は就任後三〇日以内に、責任をもって関係企業の辞退届を提出しなければならず、その提出状況は広報紙等で速やかに公表されます。

念のため付言しますが、辞退届を作成するのは関係企業ですが、辞退届の提出義務者は首長等・議員です。これら公職者が「責任をもって」関係企業に辞退届を書かせ、これを自治体に提出するもので、自治体が企業に辞退届の提出を求めるのではありません。この条例は首長等・議員を適用対象とし、その政治倫理の確立を目的としているからです。

(5) 指定管理者の指定の禁止

条例は、右にみた請負辞退とともに、指定管理者の指定についても規定を置く必要があります。

指定管理者制度は、二〇〇三年の地方自治法の一部改正で導入されました。改正規定はこう定めています。

第二四四条の二第三項　普通地方公共団体は、公の施設の設置の目的を効果的に達成するため必要があると認めるときは、条例の定めるところにより、法人その他の団体であって当該普通地方公共団体が指定するもの（以下本条及び第二四四条の四において「指定管理者」という。）に、当該公の施設の管理を行わせることができる。

これは従来、公共団体（土地改良区、水害予防組合、公団、事業団など）や公共的団体（商工会議所、農協、生協、町内会、婦人会、青年団、ＰＴＡなど）、自治体の出資法人に限られていた公の施設（住民が利用するための公共施設）の管理・運営を民間業者も代行できることとしたものです。そして、従来の管理委託制度は二〇〇六年九月一日までに廃止し、指定管理者制度に一本化されました。指定管理者は管理委託とは異なり、施設の利用許可権をもち、利用料を決め、これを自己の収入とすることができます。この指定管理者制度が「民にできることは民に」「官製市場の民間開放」を合言葉とする規制緩和・行政改革の一環であることはいうまでもありません。

そのため、自治法は指定管理者になんの要件も制限も設けず、「法人その他の団体」であればよいとしています。つまり、民間の営利企業や非営利の社団法人、財団法人、ＮＰＯ法人はもちろん、法人格のない町内会やボランティアグループも指定さえ受ければ、指定管理者になれるわけです。しかも、この指定管理者の「指定」は、法的には行政処分であって「契約」ではないため、自治法の兼業禁止規定の適用もありません。指定管理者制度が政治腐敗の温床とならぬ保障はまったくないのです。

さすがに、総務省もこの点を懸念し、次のように述べています。指定管理者制度は「運用いかんによってはデメリットも生じ得る。たとえば、利権屋、いかがわしい宗教団体、暴力団がらみの反社会的な法人等が誤って指定管理者に指定されると、公の施設は喰いものにされ、施設の公共性そのものがそこなわれることになる」。そうならないためには、指定管理者の公正な選定手続と厳格な審査が首長・議会の責任だとしたうえで、こう明言しています。「各地方公共団体の判断により、条例で『長や議員本人又は親族が経営する会社』は指定管理者になることができないとすることも可能である」（法改正の担当者が執筆した成田頼明監修『指定管理者制度のすべて――制度詳解と実務の手引』第一法規、二〇〇五年、一三頁、一二一頁、九二頁）。

指定管理者は条例に基づき、議会の議決を得て、首長が指定し、管理業務の細目については自治体と業者の間で協定（契約）が締結されることになります。その各段階で首長等・議員が指定に関与する点は、請負の場合となんら異ならず、指定も請負と同様、利権がらみの不正・腐敗の温床となるおそれがあります。したがって、議会運営の公正と行政執行の適正を確保するため、首長等・議員の関係企業・団体の指定を禁止すべきことは、請負の場合といささかも異なるところはありません。

自治法が指定管理者の資格要件を設けず、指定を制限しなかったのは、公の施設があまりにも多種多様で法律による一律規制が不可能なため、地方分権を推進するうえからも自治体の立法に委ねたのでしょう。政治倫理条例で、首長等・議員の関係企業・団体について指定管理者の指定を禁止する旨の規定を置く必要があります。

ただ、指定管理業務には駐輪場や地域公民館、老人憩いの家の管理・運営など小規模のものも多く、民間業者の採算に合わないため、指定管理者のなり手がいない場合も生じえます。そうしたやむをえない事情のあるときは、関係企業・団体の指定禁止を適用除外とする旨のただし書を置く例もあります。

5　資産公開

資産公開は、政治家の資産・収入・肩書等を公開することによって、権限や地位を利用した私腹肥やしをチェックし、政治腐敗を防止するための制度です。これは国の資産公開法

(一九九二年)に先立ち、堺市条例(一九八三年)が導入して以来、政治倫理条例の不可欠の柱となっています。

資産公開法――正式には「政治倫理の確立のための国会議員の資産等の公開等に関する法律」は、その目的をこう定めています。「この法律は、国会議員の資産の状況等を国民の不断の監視と批判の下におくため、国会議員の資産等を公開すること等により、政治倫理の確立を期し、もって民主政治の健全な発達に資することを目的とする」(第一条)。そして、都道府県、政令市の首長および議員、市町村の首長についても、条例で同様の資産公開の措置をとるよう義務づけました(第七条)。そのため、市町村では首長の資産公開はあるものの、議員には資産公開がありません。しかも、法律が定める資産公開はきわめてずさんです。

資産公開とは、ただ資産を公開するだけのものではありません。これは公職利用の私腹肥やしを防ぐための「制度」です。だから、資産隠しができないように、①資産報告は家族名義のものを含め、②報告項目に抜け穴がなく、③証明書を添付し、④住民は資産報告書の疑義について調査請求権をもち、⑤第三者機関が資産報告書を審査し、その結果は公表され、⑥報告書の不提出や虚偽記載に対して制裁措置がとられる仕組みがなければなりません。ところが、資産公開法やこれに倣った資産公開条例にはこれらすべてが欠けています。これでは、ザル法どころか、底の抜けたバケツです。「政治倫理の確立のため」という麗々しい修飾句は誇大広告か、さもなければブラックジョークでしょう。

(1) 記載事項

資産報告書——正しくは「資産等報告書」の記載事項は、以下のとおりほぼ定型化しています。

一　資産　土地、建物、不動産権益、預貯金、動産（五〇万円以上）、信託、有価証券、ゴルフ会員権、貸付金・借入金（一件五〇万円以上）、保証債務（金銭保証は同一人五〇万円以上）、貯蓄性保険

二　地位・肩書　企業・団体の役職名、報酬、退職後の雇用

三　収入・贈与・もてなし　給与・報酬・事業収入等の収入、贈与・もてなし（一件三万円以上）

四　税等の納付状況　所得税・事業税（前年分）、地方税・固定資産税・国民健康保険料・軽自動車税（前年度分）、水道等使用料（前年度分）。

右の各項目に、若干のコメントを付しておきます。

まず、「資産」の「土地」「建物」に関してですが、報告書の記載は実勢価格か固定資産税評価額か、が問題となりましょう。実勢価格とすると評価に主観が入り、不動産鑑定士の評価には手間がかかりますから、ここは客観的・統一的基準で、事務処理も容易な固定資産税評価額とすべきでしょう。この点を施行規則や資産等報告書の記載要領で明示するのが通例で、そう

すれば自治体の所管課の協力も得られるからです。

資産は、居住する市町村外や国外のそれをも含みます。初期の条例では、本人が現に居住する土地・建物や就任前に取得したそれを報告事項から除外する例もみられましたが、資産の総体を知るうえで、これを除く理由はありません。

「土地」については所在、地目、面積、取得の時期・価額、「建物」については所在、種類、構造、床面積、取得の時期・価額を記載します。

「不動産に関する権利」については、借地権など権利の種類、契約期日、契約価額を記載します。

「預貯金」については、預入金融機関名、預貯金の種類・金額、定期預金の預金日・満期日を記載します。資産公開法（第二条第一項第四号）やこれに倣った資産公開条例では、定期預金だけ報告すればよいことになっていますが、これでは普通貯金での資産隠しを認めるようなものです。この超低金利時代に、普通預金を除外する理由はありません。

「動産」については、その種類、数量、価額、取得の期日を記載します。ただし、価額が五〇万円未満のもの、日常生活に必要な家具・什器《じゅうき》・衣服は除外します。報告の対象となるのは、自動車、船舶、航空機や高価な美術工芸品、書画・骨董《こっとう》、貴金属・宝石類です。一定額（たとえば一〇〇万円）以上の現金、いわゆる「たんす預金」を含める例もあります。

「信託」については、権利の受託者、信託財産の種類、数量、信託の時期・価額を記載します。

「有価証券」については、公債、社債、株式などの種類、数量、取得期日・価額、額面金額、時価額を記載することとしています。たとえば、株式では銘柄、株数、一株の額面額、額面金額の総額、上場株なら報告の年の一月一日現在の一株単価と時価総額も記載するよう、施行規則や記載要領で明示すべきでしょう。未公開株の贈与や取引も含まれます。

「ゴルフ会員権」については、クラブの名称、口数、時価額を記載します。入会料の高額なものが多いからです。

「貸付金及び借入金」については、一件五〇万円以上にかぎり貸主・借主の氏名、契約期日、金額などを記載します。

「保証債務」には金銭債務のほか、身元保証等を含みます。金銭債務については、同一人に対し総額五〇万円未満を除き、その内容と金額を記載します。保証債務を報告するのは公職者の利害関係を明らかにするだけでなく、首長等・議員の肩書を当てにした債務保証の依頼を防ぐ副次的効果もあるでしょう。

「貯蓄性保険」を報告事項としているのは、生命保険・損害保険などでこの種の保険が増え、これも資産とみなされるからです。貯蓄性保険については、その種類、保険会社名、契約期日、保険金額を記載します。

なお、初期の条例では、これら資産の総額をランク付けし、どのランクに属するかを記載する例もありました。しかし、これでは具体的な資産形成のチェックが不可能なため、今ではこのような条例はほとんどありません。

「地位及び肩書」に関しては、企業・団体における役職名、報酬の有無、報酬額を記載します。ただし、宗教的・社交的・政治的団体は除きます。

条例のなかには、報酬のある役職のみ記載する例があります。国の資産公開法（第四条）に倣ったのでしょうが、これはよくありません。報酬の有無は第三者が知りえず、たとえ無報酬であっても役職者が企業を実質支配することがあるからです。そもそも企業・団体における役職名を報告・公表するのは、首長等・議員の関係企業の請負辞退や指定禁止のためなのですから、報酬の有無を問わず、関係企業・団体における地位を記載すべきです。

「収入」は、前年一年間の給与、報酬、事業収入、株式の配当金、預貯金・貸付金の利子、賃貸料、謝礼金、年金等を含み、その出所、金額を記載します。自治体からの給与・報酬を除く例もありますが、一般住民は知らないことであり、収入の総体を把握するためにも除外すべきではありません。

「贈与」「もてなし」は、一出所三万円以上のものにかぎり、その出所、内容、金額または価額を記載します。もてなしには、交通、宿泊、飲食、娯楽等を含みます。ちなみに、国家公務員倫理規程は、一件一万円以上のもてなしを報告することとしています。

「税等の納付状況」についても記載しなければなりません。納税は国民の義務（憲法第三〇条）であり、これを怠ることは住民の代表者としてあるまじきことだからです。また、水道料金など自治体が徴収する使用料の納付状況も、記載するのが望ましいでしょう。この項目は、国の資産公開法やこれに倣った資産公開条例にはありませんが、地方議員に多額の税金滞納や公共料金の未納の例があるため、加えられたものです。

（2）配偶者等の資産報告

資産報告書は、首長等・議員本人の資産だけではなく、「配偶者及び扶養又は同居の親族」のそれも併せて報告しなければなりません。これは、名義替えによる資産隠しの脱法行為を防ぐためです。対象者を配偶者、扶養・同居の親族としているのは、これら身内への名義替えが多いうえ、かりにも不正な私腹肥やしがあれば、その利益を受けるのは生活を共にする家族だからです。

ところで、資産公開をめぐってはプライバシーとの関係がしばしば問題になりますので、その点を明らかにしておきましょう。

そもそもプライバシーとは、他人にみだりに私生活を侵されないことをいい、憲法第一三条の個人の尊厳と幸福追求権に基づく人権とされています。したがってそれは、財産的利益とは区別された、精神的存在としての個人を保護する「人格権」に属します。いいかえれば、なにをプライバシーとして法的に保護すべきかは、単に他人に知られたくないという当人の主観によって決まるものではなく、その意に反した私事の公開が個人の尊厳を不当に侵害するか否かによって客観的に判断されるべきものです。

しかも、このプライバシー権にも「公共の福祉」による制限があります（憲法第一二条、第一三条）。いいかえれば、プライバシーがどこまで法的に保護されるべきかは、公益との兼ね合いで決まるものです。したがって、一般に「公人」（パブリックフィギュア）については、プライバシーの保護は私人より狭いと解されています。すなわち、①公的地位にある者、②公共の関心事については、プライバシーは公益による制約を受け、その法的保護はないか、あっても著しく制約されます。ですから、政治家の場合、思想・信条や党派・宗派所属、経歴や交友関係から、資産・収入、年齢、人柄、健康や病状、品行にいたるまで、公職者の適格性を判断するために必要な情報は、有権者の「知る権利」の対象となります。自治体の首長等・議員も、その例にもれません。

このことは、首長等・議員が住民を代表する公職者だからであって、選挙によると否とを問いません。副首長、教育長などは任命制ですが、地方政治を運営する要職者であることは、公選による首長と異なりません。いずれも自らの意思で公職者の地位に就いたのですから、プライバシー権を明示的に放棄したともいえ、少なくともその制約を容認したものというべきです。それが嫌なら、好んでそのような公職に就かなければよいのです。

首長等・議員本人はよいが、公職者でない配偶者や子女の資産まで公開するのはプライバシー権の侵害ではないか、との疑念を抱く向きもあるかもしれません。しかし、公職者でなくても、公共の利益にかかわる事柄については、プライバシー権が制約されることは前述しました。配偶者等の資産公開も、その例にほかなりません。

実際、①家族の名義がしばしば資産隠しに使われ、②公職者の地位利用による利益の享受者は一般に生活を共にする家族であり、また③公職者への贈与を偽装するため、その家族への便宜供与や贈り物をする例もあることから、公職者と家族の資産は一体として資産公開の対象となるべきもので、さもなければ脱法行為を防げないからです。しかも、④公職者の活動や選挙運動は家族に支えられることが多く、⑤公職への立候補や就任には配偶者の暗黙の同意があるのが通例ですから、公職者の家族についても、プライバシー権の「黙示の放棄」があったとみることもできるでしょう。

要するに、公職者の適格性の判断に必要な情報について住民の「知る権利」を保障する公益は、公職者の家族の資産に関するプライバシー保護の私益より大きく、他に資産隠しの脱法行為を防ぐ手段がない以上、首長等・議員の配偶者、扶養または同居の親族名義の資産を公開することは、プライバシー権の侵害にはなりません。

ちなみに、あれほどプライバシーにやかましい米国でさえ、政府倫理法は公職者の「配偶者及び扶養する子女」の資産公開を義務づけています。これに比して、本人名義に限った日本の資産公開法は、ザル法としてかねて厳しい批判を受けています。そのためか、法改正はないものの、閣僚や議員の一部は自主的に配偶者等の資産も公開するにいたっています。

（3）証明書の添付

資産報告は自己申告ですから、信憑性《しんぴょうせい》がありません。たとえ故意でなくても、脱落や誤記がしばしば生じます。したがって、資産報告書には記載の真実性を裏づける証明書の添付が必要です。

土地・建物なら登記簿の写し、収入なら確定申告書や所得証明書の写し、預貯金なら金融機関の残高証明や通帳のコピーなど、必要な証明書を施行規則で明示しておくべきでしょう。たとえば預貯金については、公示制度のある不動産と異なり、強制調査権をもたない審査会は報告の真偽の確かめようがないからです。ただし、これら証明書は審査会の審査のための資料にとどめ、住民の閲覧対象とはしません。

（4）資産報告書の提出・公開

首長等・議員は、毎年一月一日現在の資産、地位・肩書、前年一年間の収入・贈与、税等の納付状況を記載した資産報告書を提出しなければなりません。提出先は、議員にあっては議長、首長等にあっては首長で、提出期間は毎年五月一五日から同月三一日までです。提出期限を五月末日としているのは、所得税の確定申告の期限が三月一五日であること、前年一年分の税等の納付期限は三月末日であること、統一地方選挙が四月に行われることなどを考慮したものです。

議長に提出された議員の資産報告書は首長に送付され、首長は首長等の資産報告書とともに、提出期限から一五日以内に、住民の閲覧に供さなければなりません。閲覧期間は五年間が通例です。あまりに長期なのは考えものですが、問題が議員・首長等の前任期にかかる場合もあるため、五年としたものです。ちなみに、国の資産公開法が定める閲覧期間は七年です。なかには二〇日間とする例もありますが、これでは公開の用をなしません。資産公開は、資産報告書に疑義があるとき、住民が審査会に調査請求をするためなのですから。

「公開」は閲覧だけではありません。むしろ重要なのは、広報紙等による積極的な公表です。条例の多くは、資産報告書の要旨を直近の市政便りや議会報に掲載することを定めています。条例に規定がなくても、そうしている自治体は少なくありません。

首長は、首長等・議員の資産報告書を毎年六月一五日までに政治倫理審査会に提出し、審査を求めなければなりません。このように、議員の資産報告書は議長から首長に送付され、首長がこれを審査会の審査に付することとしているのは、審査会が「執行機関の附属機関」（地方自治法第一三八条の四第三項）、つまり首長の諮問機関であって、議長は直接、審査会に審査を求めることができないからです。

条例のなかには、首長等・議員全員に毎年の資産報告を義務づけず、審査会が必要と認めたときだけ当該者に対して資産報告を求める例があります。しかし、これでは資産公開の意味がありません。資産公開制度が政治腐敗の一般予防効果をもつためには、全対象者について年々の資産形成や収入の変化を継続的に報告させ、これを公開する必要があります。

(5) 審査会の審査・意見書の公表・勧告

資産公開は、資産報告書を公開するだけではありません。第三者機関がこれをチェックし、その結果を公表しなければなりません。政治倫理審査会の設置はそのためです。

審査会は、首長の諮問により資産報告書を毎年審査し、その結果を「意見書」にまとめ、首長に答申します。答申の期限は、諮問から六〇日ないし九〇日が通例です。資産報告書の提出拒否、虚偽記載、調査非協力など条例違反を審査会が認定したときは、その旨を意見書に明記しなければなりません。また、審査会が必要と認めれば、違反者に対して取るべき措置を勧告することができます。

審査会の意見書は公表されます。「公表」は閲覧だけではなく、広報を含みます。条例の多くは、意見書の要旨を直近の広報紙に掲載しなければならないと定めています。意見書の公表は一種の社会的制裁であり、同時に住民の調査請求を可能にするためです。意見書の閲覧期間は、資産報告書と同じ五年間です。

6　政治倫理審査会

ところで、前述の政治倫理規準も、請負辞退・指定禁止も、資産公開もこれを守らせる仕組みが必要です。もしこれを欠けば、どんな立派な倫理規定もキレイごとの〝作文〟にすぎなくなります。この条例の実効性を担保するのは、政治倫理審査会と後述する住民の調査請求権です。だから、審査会の設置や組織、職務権限の定め方を誤ってはなりません。

（1）執行機関の附属機関

政治倫理審査会は、首長等・議員の条例違反を審査するのが役目ですから、本来は、条例の適用対象である首長や議会から独立した機関であることが望まれます。これを「独立行政機関」といい、国の場合、公正取引委員会や人事院などがそれです。しかし地方自治体は、法律の明文規定がないかぎり、条例で独立行政機関を設けることができません。法制上、選挙で選ばれた住民の代表機関たる首長・議会の「上」にチェック機関を置くことができないのです。

そこで、条例はいずれも、地方自治法第一三八条の四第三項の規定に基づく「執行機関の附属機関」として、首長の下に審査会を置いています。自治法が議会に「附属機関」を置くことを認めない以上、これ以外に方法はありません。したがって、政治倫理審査会も委員は首長が任命し、首長の諮問に応じて調査・審査を行い、その結果を首長に答申する点は、他の首長の諮問機関と同様です。しかし、政治倫理審査会はその公正さと独立性を保つため、首長は「公正を期して」委員を委嘱し、首長や議会は審査会の答申・勧告を「尊重」しなければなりません。そうすることによって、審査会は条例運用のお目付け役たりうるのですから。

ここで、少々理屈っぽい話にふれておかねばなりません。それは、執行機関の附属機関である政治倫理審査会が、執行機関とは対等・独立の議会の議員に対して調査・審査を行うことはできるのか、という法的疑問に関してです。たしかに、首長、議員がともに選挙で選ばれる二元代表制（首長制）をとる自治体では、首長が統括する執行機関と議決機関たる議会は基本的に対等です。しかし、審査会が執行機関の附属機関だからといって、議員にいっさい審査が及ばないわけではありません。情報公開に関しては、議会も実施機関であり、議会の非開示決定は不服申立てにより首長の附属機関たる情報公開審査会の審査にかかることはご存じのとおりです。

政治倫理審査会の審査についても、同様です。すなわち、①議会が制定した条例に基づき、②議員にかかる事項はすべて議長を介して行われ、③議員に対する調査・審査も強制力を伴わないうえ、④首長の諮問に裁量の余地がまったくないことから、法的に支障はありません。住民を代表する首長と議会は、政治倫理に関しては共に住民に対して直接責任を負い、両者は対立関係ではなく協力関係にあるとみるべきだからです。

(2) 組織

審査会は、選挙権をもつ住民と有識者で組織されます。この審査会は住民統制の性格をもつものですから、住民が委員になるのは当然です。ただ、審査は資産評価や法律問題にもかかわるため、公認会計士や税理士、法律家など専門知識をもつ委員が不可欠です。一般委員と学識委員の内訳を条例で定めておくべきでしょう。

審査会は執行機関の附属機関である以上、委員の任命権は首長にあります。しかし、審査会の職務に照らして、首長は「公正を期して」委員を委嘱しなければなりません。そのためには、学識委員については大学、弁護士会、公認会計士会、税理士会などの推薦を受けて委嘱する方法もありましょう。自治体の顧問弁護士が審査会委員となるのは、利益相反を生じ好ましくありません。一般委員については、公募・抽選による例もありますが、組織的な応募により入選の公正さが損なわれる場合もありうることに注意が必要です。

また、委員の選任に議会の同意を要件としている条例があります。しかし、審査会は執行機関の附属機関である以上、設置は条例によらねばならぬものの、委員の委嘱には議会の同意を必要としません。議会の同意は、首長の恣意的な人選を防ぐ趣旨でしょうが、自治体の実情によってはかえって政治的思惑が絡むこともあり、一長一短です。

なお付言しておきますが、初期の条例には、審査会の委員に議員を加える例がみられました。しかし、執行機関の附属機関に議員が加わることは地方自治法に抵触するおそれがあるばかりか、審査される側も審査する側も議員というのではとうてい審査の公正が期待できず、「お手盛り」のそしりを免れません。第三者機関としての審査会の性格上、議員が委員になれないことは明白です。

ところが、議員のみが対象の政治倫理条例では、審査会は議員だけで組織されます。議会に設置される審査会は、地方自治法上の「特別委員会」にほかならず、議員しか委員になれないからです。しかしこれでは、審査会は議員の条例違反の公正な審判機関たりえません。「お目付け役」をかたる〝にせもの〟です。

そこで、「お手盛り」の批判をかわすためか、審査会に住民の委員を加える例がありますが、これは違法です。特別委員会は議会の内部組織であって議員以外は委員になれず、議会が学識者や住民の意見を聴く方法としては、自治法は議会や委員会が行う参考人からの意見聴取と公聴会での公述人の意見陳述しか認めていないからです（地方自治法第一〇九条、第一一〇条）。

だからこそ、政治倫理条例は首長等・議員をともに適用対象とし、審査会を執行機関の附属機関として設置することが肝要です。もちろん、たとえ議員のみの条例であっても、首長のもとに第三者機関として審査会を置くことは前述のとおり法的に可能で、その例もあります。議会も適用対象となる情報公開条例の審査会が、執行機関の附属機関であるのと同じことです。

審査会の委員の定数は、自治体の規模により数人から十数人までさまざまです。小さな町村なら三人か五人、市なら七人から多くても一〇人程度でしょうか。なかには、委員がそろわなかったり、欠員が生じた場合を考慮して「〇人以内」とする例もありますが、恣意的な委員の増減を避けるため、確定数が望ましいでしょう。ただ、合議機関の多数決原則を考慮すれば、定数は奇数がよいでしょう。

なお、審査会長は表決に加わらず、可否同数のときだけキャスティングボートを行使するとした条例がありますが、これは誤りです。おそらく、議員だけの審査会の場合、議会審議の慣例に倣ったのでしょうが、審査会は審判機関であって、議長を務める会長も審議・表決に加わることは裁判と同様です。

審査会は常設です。条例のなかには、住民の調査請求や一定数の議員の調査請求があったときだけ随時設置する例がありますが、これは立法の誤りです。随時設置だと、個別の条件ごとに審査会を設置せねばならず、設置の是非や委員の人選をめぐって政争が起き、審査会が開かれないおそれがあるからです。そもそも、事件が起きてから担当判事を選任し、その事件だけの裁判を開くことがいかにコッケイかを考えれば、審査会の随時設置の非は常識でわかることでしょう

委員の任期は、二年が通例です。再任は妨げませんが、委員が欠けた場合の後任者の任期は、

前任者の残余期間です。

(3) 職務・権限

審査会は、次の職務を行います。すなわち、①毎年提出される資産報告書を審査し、その結果を首長に報告すること、②資産報告書の疑義、政治倫理規準や請負辞退・指定禁止など条例違反の疑いで住民の調査請求があったとき、調査・審査を行い、条例違反の有無を認定するとともに、③違反者に対し必要な措置を勧告すること、④その他、政治倫理の確立を図るため、首長の諮問に応じ審議・答申をするほか、自発的に建議することです。

審査会は右の職務を行うため、本人および関係人から事情を聴取し、資料を提出させるなど、必要な調査を行う権限をもっています。この調査権には警察や税務署のような強制力はなく、基本的には本人や関係人の協力によるしかありませんが、調査非協力があったときはその旨を公表し、違反者に対する制裁措置を勧告することによって、それなりの実効性をもたせています。

なお、審査会の調査については、それが当人に不利な影響を与えるおそれもあることから、慎重かつ公正に行われる必要があります。したがって、調査の対象となった者には弁明の機会を保障しなければなりません。ただし、弁明に補佐人を付けることは認められません。説明責任は本人にあるからです。

（4）審議の公開・守秘義務

審査会の審議は、公開が原則です。本来、この審査会は住民の監視・統制の手段であって、住民の「知る権利」を制度化したものだからです。したがって、意見書の公表はもちろん、審査会の会議自体もこれを公開する必要があります。にもかかわらず、審査会の審議を非公開とする例もまれにありますが、これは右の趣旨を理解していないものというほかありません。

ただ、審議の内容が、ときに第三者のプライバシーにかかわることもありえます。そのような場合には、委員定数の三分の二以上の同意を得て、非公開とすることができる、と定めるのが通例です。

なお、委員には守秘義務があります。

（5）意見書の公表・勧告

審査会は、毎年の資産報告書の審査であれ、住民の調査請求にかかる事案の審査であれ、審査を求められた日から九〇日以内に、その審査結果を「意見書」にまとめて、首長に提出します。小さい自治体では、六〇日以内の例もあります。意見書の閲覧期間は五年で、その要旨を広報紙に掲載します。

審査会は、この条例に違反する事実を認定したときは、その旨を意見書に記載しなければなりません。そして、意見書を公表することによって、違反者に社会的制裁を科します。さらに、審査会が必要と認めるときは、違反者に対する措置（処分）を議員については議長に、首長等については首長に勧告することができます。首長または議会は、審査会の勧告を尊重して、違反者に対し懲戒処分や懲罰処分を科すことになります。

このような手順を踏むのは、審査会に処分権がないからです。処分権は、首長等については首長が、議員については議会がもっています。だから、首長・議会は、審査会の勧告を「尊重」して、必要な措置をとるべき旨を条例に明記しておく必要があります。

7 住民の調査請求権

住民の調査請求権は、政治倫理条例の遵守を住民自身がチェックするための権利です。すでにくり返し述べたとおり、この条例は住民の「知る権利」を制度化し、地方政治に対する住民の民主的な統制手段を保障するものです。調査請求権はその一手段にほかなりません。

審査会は、住民の調査請求があって調査・審査を開始します。つまり、調査請求権は審査会を作動させる押しボタンで、ボタンを押すのは住民です。もし住民の調査請求権がなければ審査会は作動せず、条例違反はお目こぼしとなり、審査会は〝床の間の置物〟と化します。

（1）請求権者

調査請求権者は住民であって、首長等・議員は含まれません。調査請求権は住民統制・住民監視の手段ですから、条例違反を審査される側の議員に調査請求権がないのは自明の理です。もし条例違反の疑いがあれば、議員は議員としての権限を行使して議会で疑惑の解明に当たり、その責任を追及すればよいのです。たとえば、議会で質問をし、事情を聴取し、百条委員会を設置して責任を追及し、必要とあれば懲罰処分や刑事告発をすることもできるでしょう。

条例のなかには、議員にも調査請求権を認め、一定数ないし一定比率の議員の申立てによって審査会が調査・審査を行うとしている例もありますが、これは立法の誤りです。審査会を議会の特別委員会と混同し、調査の是非を議会の意向に従わせようとの思惑がまる見えです。また実際に、議員の調査請求の有無で審査会が開かれたり開かれなかったりすれば、審査会は政争の具に堕すおそれがあります。

（2）請求の事由

住民は、①資産報告書に疑義があるとき、②政治倫理規準に違反する疑いがあるとき、③請負契約の辞退や指定管理者の指定の禁止に違反する疑いがあるとき、④その他この条例違反の疑いがあるときには、調査を請求することができます。請求は、議員にかかるものにあっては議長に、首長等にかかるものにあっては首長に対して行い、前者の場合は議長を経て、後者の場合は直接に、首長が政治倫理審査会に調査・審査を求めます。こうした手順を踏むのは、審査会が執行機関の附属機関であって、議会が直接、審査会に調査を求めることができないからです。

肝心なのは、この条例違反のすべてを調査請求事由とすることです。そして、条例違反のすべてを審査する審査会の権限に連動させる必要があります。住民の調査請求事由に欠ける部分があれば、そこには審査会の調査・審査が及ばず、それだけ条例の実効性は失われるからです。条例のなかには、住民の調査請求事由を狭く限定している例がありますが、これは審査会の権限をそれだけ弱めることとなり、よくありません。

(3) 請求の要件

調査請求は、条例違反の疑いを証する資料を添えて行います。「証する」とは、違反があると疑うに足りる「疎明」をいい、違反を立証する「証明」である必要はありません。「疎明」とは、訴訟手続上、裁判官に一応確からしいという程度の心証を得させるための説明のことです。請求が単なるうわさ話によるものではなく、条例違反の疑いを抱くのはもっともだという場合には、審査会の調査と判断を仰ぐべきだからです。住民の適法な調査請求があった以上、首長は必ず審査会に諮問し、審査会は調査・審査を行わねばなりません。

調査請求は、一人でもできます。この点は、情報公開条例の開示請求や住民監査請求が一人でも可能なのと同じです。これらは「知る権利」基づき、住民が行政の違法・不当をただすための制度であって、その趣旨は政治倫理条例の調査請求となんら異ならないからです。

条例のなかには、選挙権をもつ住民の一定数ないし一定比率の連署を請求の要件としている例もみられます。しかし、これは右の趣旨に照らして法理上、妥当でないばかりか、実際上、住民の調査請求を困難にすることとなり、好ましくありません。請求権が濫用されないためには、疎明資料の添付が義務づけられており、それで事足ります。

審査会は毎年の資産報告書の審査は別として、住民の調査請求がなければ、条例違反の疑いのある個別案件を自発的に取り上げ、調査・審査することはできません。それをすると、審査会は政争に巻き込まれ、中立・公平を損なうおそれがあるからです。ただし、政治倫理にかかる制度一般の改善に関しては建議権があります。

8　問責制度

政治倫理規準や請負辞退・指定禁止、資産公開が政治腐敗の一般予防策であるのに対して、問責制度は、起きてしまった不祥事に事後的・個別的に対処するための仕組みということができます。この制度は、政治倫理条例第一号の堺市条例が収賄で有罪判決の確定した議員の居座りをきっかけに制定された経緯もあって、当初から政治倫理条例の梁のひとつとされてきました。

問責制度の目的は、犯罪容疑で逮捕・起訴された首長等・議員に「説明会」を開かせ、釈明の機会を与えるとともに、住民が直接その道義的・政治的責任を追及する場を保障することにあります。当初、問責事由は、贈収賄罪の容疑に限られていましたが、いまでは職務関連犯罪や刑事犯一般とする条例が増えています。また、説明会の開催の時期についても、一審有罪の判決を待たず、起訴や逮捕の時点で開くこととするのが通例です。

説明会は本来、疑惑を受けた首長等・議員が、自らすすんで住民に釈明するための場です。しかし、説明会が開かれないときは、住民は一定数の連署でその開催を請求することができます。刑事事件の司法判断とは別に、刑事事件の被疑者や被告人が住民を代表する公職にとどまることの政治倫理責任を問いただす必要があるからです。

(1) 問責事由

問責事由、つまり説明会開催の理由となる容疑は、「職務関連犯罪」とするのが通例でした。職務関連犯罪には、刑法の収賄罪、贈賄罪、職権濫用罪や、あっせん利得処罰法のあっせん利得罪（いずれも公務員の身分犯）のほか、職権や地位を利用した詐欺罪、横領罪、脅迫罪、わいせつ罪なども含まれます。

しかし最近では、問責事由を職務関連犯罪に限らず、刑事犯一般とする例が増えています。刑事訴追を受ける者が公職者にふさわしくないことは明らかだからです。政治倫理規準も、「住民全体の代表者として品位と名誉を損なうような一切の行為を慎み」「住民全体の奉仕者として常に人格と倫理の向上に努め」る、と定めています。したがって、職務との関連の有無を問わず、広く刑事犯一般を問責事由とするほうが、この条例の立法目的に合致するでしょう。

(2) 逮捕後の説明会

刑事犯の容疑で首長等・議員が逮捕され、引き続きその職にとどまろうとするときは、当人の申し出により説明会を開き、釈明する機会を保障しています。条例は、これら公職者が「住民の信頼に値する倫理性を自覚し、住民に対し自らすすんでその高潔性を明らかにしなければならず、「政治倫理に反する事実があるとの疑惑を持たれたときは、自ら清い態度をもって疑惑の解明に当たるとともに、その責任を明らかにしなければならない」と定めているからです。逮捕後の説明会について、条例は被疑者自身がその「開催を求めることができる」と定め、当人の申し出によることを原則としているのはそのためです。

しかし、もし説明会が開かれないときは、住民は一定数の連署で、その開催を請求することができます。連署を要件とするのは、説明会が恣意的に開かれ、政争の具に利用されるのを防ぐためです。その趣旨からすれば、自治体の規模にもよりますが、連署はおおむね五〇人以上とするのが妥当で、有権者の何十分の一以上といった定め方は避けるべきでしょう。これでは、署名集めの期間が短いこともあり、説明会の開催は事実上、困難になるからです。

被疑者以外の首長等・議員が説明会の開催を請求したり、連署に加わることはできません。そもそも説明会は、住民統制の一手段であり、その開催請求は住民の権利であって、被疑者以外の首長等・議員には説明会の開催請求権がないからです。これら公職者は自らの権限を用いて、議会で事実の解明と責任の追及に当たるべきです。

説明会には誰でも参加でき、質問をすることができます。しかし説明会は、住民が当該者の政治責任を追及する場であって、法的拘束力のある決定をする機関ではありません。そこでの応答をどう判断し、今後どう行動するかは、もっぱら有権者・住民の意志にかかっています。

説明会は、そのための判断材料を提供するにとどまります。このことは、起訴以後に開かれる説明会についても同様です。

説明会は、審査会が主宰します。説明会の中立・公平な運営を図るためです。しかし、審査会は説明会開催の裁量権をもたず、適法な開催請求があれば必ず開かねばなりません。

ただ実際上、被疑者の身柄が拘束されている間は、説明会の開催は不可能ですし、取調べへの影響を恐れて、自ら説明会の開催を求めることはまれでしょう。

（3）起訴後の説明会

起訴後は、逮捕後と違って、説明会は住民の開催請求により開かれ、当該者は説明会への出席と釈明が義務づけられます。首長等や議員など公職者が起訴された場合、裁判で有罪となる可能性が高いだけに、住民に対する釈明の義務はいっそう重く、また、刑事被告人が住民の代表者の地位にとどまることの政治倫理責任がより厳しく問われるべきだからです。

請求の期間を起訴の日から五〇日以内としているのは、説明会をできるだけ早く開き、裁判に支障が出ないよう配慮したものです。

（4）一審有罪判決後の説明会

実際には、説明会が開かれるのは、逮捕ないし起訴後でしょう。しかし、一審有罪判決後も、なお公職に居座ろうとする者がないとは限りません。その場合、住民の請求で説明会を開催できる旨を念のため定めています。

開催請求の期間を「判決の日から三〇日を経過した日以後二〇日以内」としているのは、控訴期間（一四日）に配慮したものです。

（5）有罪判決確定後の措置

有罪判決が確定したときは、首長等・議員は「辞職手続をとるものとする」とか、「辞職するよう努めなければならない」と定める例もあります。

首長等・議員は、地方自治法で身分が保障されています。公職選挙法や地方自治法の違反で失職するほかは、議会の懲罰処分による除名や、住民の解職請求（リコール）による解職、議会解散による失職以外、その意に反して職を失うことはありません。それは、これら公職者は特別職だからで、一般職の職員なら起訴で休職処分、有罪確定で免職処分になるのが通例です。一般職より重い政治倫理責任を負う首長等・議員が、有罪判決の確定後もその職にとどまることは許されません。

条例が右のような規定を設けているのは、有罪が確定したこれら公職者に自発的な辞職を促す趣旨であって、それが強制規定でないかぎり、法律に抵触するものではありません。

これに加えて、有罪確定者は以後、当該自治体の選挙に立候補しない旨の規定を置く例もあります。被選挙資格は公職選挙法で定められており（第一一条、同条の二）、条例でこれを改変することはできませんが、条例の規定が立候補辞退の努力義務と解されるかぎり、これも公選法に抵触するとはいえないでしょう。

四　条例の作成・運用のポイント＝Q＆A

政治倫理条例の概略は前章で述べました。でも、いざ条例をつくり、これを運用するとなると、いろいろな疑問が生じます。これらの点について、実例を交えて説明を補足しておきましょう。設問はいずれも、実際に議員、行政担当者、審査会の委員、住民から出された疑問や意見です。

Q1　違反に罰則がなければ、政治倫理条例は守られないのではありませんか？

A　たしかに、違反になんの制裁もなければ、条例の実効性はないでしょう。しかし、制裁は処罰だけではありません。たとえば、悪徳会社の社名公表のような社会的制裁や、請負の兼業禁止に違反した議員の失職、議会による除名、リコールによる解職といった政治的制裁もあります。首長や議員にとっては、こうした制裁は刑罰以上に厳しいものです。

この条例は、違反者の氏名を必ず公表し、重大な違反には「必要な措置」もありうると定めています。つまり、条例違反は〝目こぼし〟なく、社会的・政治的制裁を科せられる仕組みになっています。また、そのように条例をつくる必要があります。

ご存じのとおり、首長・議員には身分の保障があるため、条例で軽々に刑罰や行政罰を科すことは法理上、許されません。それに元来、住民の代表者たるこれら要職者の政治倫理責任は主権者・住民に対して負う以上、首長等・議員の条例違反の咎《とが》は科刑ではなく、住民自身の手によって追及すべきものです。条例が住民の調査請求権を保障し、住民参加の審査会が違反者に対し必要な措置（懲戒処分・懲罰処分）を勧告すると定めているのはそのためです。

だから、政治倫理条例の実効性は、住民の調査請求権の活用と審査会の厳正な審査にかかっているといえるでしょう。「条例を守らせる」のは、主権者たる住民です。

逆に考えてみてください。条例違反は、刑罰を科すれば済むことでしょうか。証拠が不十分で起訴を免れたり、有罪判決を受けても刑を終え、公民権の停止期間を過ぎれば立候補・当選して返り咲く例も現にあります。こんなことが許されてよいはずはありません。この条例の目的は刑罰を科することではなく、主権者の信託を裏切った者を排除することなのです。

Q2 首長については資産公開条例がすでにありますから、政治倫理条例をつくるとしても、議員だけの条例でいいのではありませんか?

A よくありません。首長等も含めた政治倫理条例をつくり直すべきです。

政治倫理条例は資産公開だけではなく、政治倫理規準や請負規制、政治倫理審査会などが不可欠です。これらの定めのない条例は「政治倫理条例」の名に値しません。議員および首長等を適用対象とする条例を制定する必要があります。

現行の首長の資産公開は、資産報告書の出しっ放しで、審査する機関もありません。こんなものを仮に議員について制定したところで、政治倫理の確立にはとうてい役立ちません。

執行機関のトップである首長は強大な権限をもち、その裁量権や地位の影響力も一議員の比ではありません。また、自治体は二元代表制（首長制）ですから、首長は議会の意向にかかわらず、任期を全うすることができます。それだけに、首長の政治倫理責任は議員に比べてはるかに重いといえるでしょう。それなのに、議員に政治倫理条例があって首長にないのは理にかないません。

現に、首長の資産公開条例があっても、これに代えて首長等・議員をともに適用対象とし、議員の資産公開を含む政治倫理条例を制定した自治体は少なくありません。それがノーマルなのです。議員も資産公開をしてよいのなら、首長等・議員をともに適用対象とする政治倫理条例がつくれるはずです。

Q３　お恥ずかしい話ですが、うちでは議員の汚職事件がきっかけで政治倫理条例をつくることになりました。目下、特別委員会で検討中で、近く議員提案の運びですが、このような場合、議会が首長まで対象とする条例を制定するのは無理ではありませんか？

Ａ　条例制定の動機はさまざまです。汚職事件の反省から制定される例は多いのですが、議員汚職のこともあれば、首長等の不祥事のこともあります。前者の場合、議会が条例制定のイニシアチブをとり、議員提案となるのは当然のなりゆきでしょう。しかし、だからといって、首長等を含む政治倫理条例ができないわけではありません。

現に、議員の汚職がきっかけであっても、首長等を含む政治倫理条例が少なからず制定されています。福岡市や長崎市などがその例で、議会で市長も条例の対象となってよいとの言質を得て、市長と議員の政治倫理条例を二本立てで制定しました。前者は執行部提案、後者は議員提案ですが、内容は同じです。

ただ、わかりやすさからいえば、二本立てより一本立てが望ましいでしょう。あらかじめ議会と首長の合意さえあれば、これを議員提案とすることも、執行部提案とすることも可能です。要は、議会側に首長等を含む条例制定の意思があるのか、首長を説得して同意を得ることができるか、にかかっています。いずれにせよ、立法権は議会にあるのですから。

Q4 議員と首長が政治倫理条例の対象となるのはわかりますが、副市長、教育長なども対象とする必要があるのですか?

A 条例の適用対象は、選挙によると任命によるとを問わず、自治体の重要な意思決定に関与する権限をもち、その裁量権が大きいため、重い政治倫理責任を負う公職者です。いいかえれば、権限や影響力の不正利用が容易な立場にあって、もし不正行為があれば公正な政治・行政運営がいちじるしく損なわれることとなる要職者です。副市長は執行機関のナンバー2の要職であり、教育長は教員人事や学校施設に関して広範な権限をもっています。したがって、条例の対象は議員、首長にとどまらず、副首長、教育長を含むべきで、多くの条例もそのように定めています。

また、公営事業管理者も事業に利権が絡みがちなだけに、条例の適用対象とする十分な合理的根拠があります。、開発がすすむ地域では、農地転用の権限をもつ農業委員を適用対象に含める例もあります。

ちなみに、地方自治法は、議員、首長、副首長、教育委員、選挙管理委員、人事委員（公平委員）、監査委員、農業委員、固定資産評価審査委員が請負企業の役員を兼ねることを禁じています。そして、これらの特別職はいずれもリコールの対象となります。そのため、これら委員をも適用対象とした政治倫理条例もないではありません。しかし、これら委員の職務権限は概して限定的ですから、いたずらに適用対象を広げるのではなく、むしろ規制のしっかりした実効性のある条例にすべきでしょう。

Q5　議員・首長等だけではなく、職員の汚職もけっこう多いですが、職員はこの条例で規制しなくてもよいのですか？

A　「政治倫理」と「行政倫理」は違います。この条例は、政治職（特別職）の政治倫理を確立するための条例であって、行政職（一般職）の行政倫理を保持するためのものではありません。

一般職の職員は、地方公務員法により、上命下服の行政組織のなかで政治的中立を守りつつ、法令と上司の命令に従って職務に専念し、信用失墜行為をしないことが義務づけられています。そして、これに違反したときは、懲戒処分を受けることになります。したがって、一般職の行政倫理の確保は、一義的には、任命権者たる首長がその権限と責任においてなされるべきものです。

これに対して、特別職には地方公務員法の適用がありません。首長等・議員は、住民を代表する政治職として広範な裁量権をもち、その政治決定についての責任を住民に対して直接に負っているからです。したがって、首長等・議員の政治責任の追及は選挙やリコールといった手段で住民が行う以外になく、政治倫理条例もそうした住民統制の一環をなすものにほかなりません。

ご存じのとおり、国は一九九九年に国家公務員倫理法を制定し、翌年、国家公務員倫理規程とともに施行しました。政府職員の目に余る公費の不正流用や過剰接待が相次いで露見したためですが、近年、自治体でも国に倣った職員倫理条例やコンプライアンス（法令遵守）条例を制定するところが増えています。職員の行政倫理を確保するためには、こうした条例を別に制定する必要があります。

なお付言しておきますが、職員のコンプライアンス条例に首長、副首長等を含める例が見受けられます。しかし、これはよくありません。一般職と特別職は遵守すべき倫理規準も規制の方法も異なるからです。たとえば、職員が職務紀律に違反したときは、任命権者の首長により懲戒免職もありえますが、政治倫理に違反した首長は、誰から処分を受けるわけでもなく、自ら進退を決するほかありません。それだけに、首長等・議員の政治倫理責任は重大かつ自律的で、主権者・住民に対し直接負っているのです。だから、一般職には職員倫理条例、特別職には政治倫理条例が必要です。

Q6　政治倫理条例は、議員活動の制約にならないでしょうか。良かれと思って推進した施策や陳情の処理が特定の者の利益になったとしても、それは議員として当然の仕事ではありませんか？

A　政治倫理条例は、正当な議員活動をいささかも制約するものではありません。この条例は、目的規定が示すとおり、首長等・議員がその権限や地位による影響力を「不正に行使して」自己または特定の者の利益を図ることのないよう必要な措置を定めたものです。そして、政治倫理規準や請負辞退・指定禁止の規定で、自己または特定の者の利益となる影響力の「不正行使」を具体的に定めています。これらはいずれも、正当な議員活動とは無縁なものです。

たとえば、議員が保育所の増設を要求することは、子どもを抱える世帯の利益となるからといって、これが議員の権限や影響力の「不正行使」に当たらないことは明らかでしょう。禁じているのは、知人の職員採用を働きかけたり、公共工事の請負を身内に受注させるよう取り計らったりすることです。それが議員活動の制約になるという人は、議員の仕事を口利きや利権あさりと心得違いをしているのではありませんか。

Q7 政治倫理規準は「その地位を利用していかなる金品も授受しないこと」と定めていますが、議員の私的な労務に対する報酬や謝礼などは除外すべきではありませんか？

A 政治倫理規準が禁じているのは、首長等・議員の「地位利用による金品の授受」です。したがって、議員活動に関係のない業務の報酬や私的労務に対する謝礼、仲人のお礼や新築・出産祝いなどの社会的儀礼は、これに当たりません。多額のものは、資産報告書に収入・贈与として記載すればよいことです。

福岡市議会が政治倫理条例を検討していたとき、与党会派の案は、「前項〔地位利用の金品授受の禁止〕の規定は、議員が行う正当な議員活動及び議員が提供した労務その他の役務に対して支払われる報酬その他の正当な対価の受給を制約するものではない」と定めていました。しかし、これでは、業界団体のために尽力して政治献金を受けたり、知人の就職の口利きで謝礼を得たりすることも「正当な対価」になりかねません。さすがに、この案は市民と野党会派の厳しい批判を受けて実現しませんでしたが、なくもがなの規定です。

Q8　政治倫理規準は政治的・道義的批判を受けるおそれのある企業献金の収受を禁じていますが、それはどのような企業献金のことですか？

A　法律は一定の企業献金を禁じていますが、それ以外でも、政・官・業の不正な癒着のおそれのある企業献金を受け取ってはならないという趣旨です。

政治資金規正法は、国や地方自治体の出資法人、補助金交付団体、赤字企業の政治献金を禁じています（第二二条の三、四）。また公職選挙法は、当該自治体と請負契約のある業者や、融資を受けている業者の政治献金を禁じています（第一九九条）。したがって、これら違法な献金を受け取れば、受けた側も同法違反になることはいうまでもありません。

政治資金規正法は一九九四年の改正で、政治家個人への政治献金を禁じ、受け皿を資金管理団体に一本化しましたが、政党や政治団体の献金の授受は認めています。そのため、首長・

議員が代表を務める政党支部が企業献金を受け、これを首長・議員の資金管理団体に移す「迂回献金」が広く行われるようになりました。こうした企業献金は、たとえ違法ではなくても、政治的・道義的批判を免れないでしょう。

たとえば、こんな事件があります。鹿児島県の発注工事をめぐる談合疑惑で、公正取引委員会は建設会社三七社の談合を認定し、うち二七社に計一四億円の課徴金の納付を命じました。これを受けて県は、請負契約に基づき、三一社に対し契約額の一〇%にあたる計三六億四五〇〇万円の違約金を請求しました。業者側は、減額を求めて鹿児島地裁に調停を申し立てましたが、その間に、県議会は減額を求める決議を二度おこない、県は違約金を半額にすることで業者と合意しました。

ところが、この決議を主導した県議七人がそれぞれ代表を務める政党支部は、談合の発覚から決議までの四年間に、九社から計一〇二三万円の企業献金を受けていたのです（二〇一五年）。しかし、請負契約の締結や違約金の徴収は知事の権限であって、議員の権限ではありません。しかも、これら業者からの献金は以前から受けていたため、議会決議の見返りか否かが曖昧です。したがって、収賄罪には当たらず、あっせん利得処罰法や政治資金規正法の違反にも問えません。けれども、これが政治的・道義的批判を受ける企業献金であることは、誰の目にも明らかでしょう。

たしかに、「政治的又は道義的批判を受けるおそれのある寄附」を定義することは困難ですが、なにがこれに当たるかを判断するのは社会常識です。個別のケースについては審査会の認定を待つほかありませんが、その積み重ねが「批判のある寄附」の概念の意味内容を具体化していくでしょう。現に、迂回献金を政治・道義的批判のある企業献金に当たり、条例違反とした例もあります（Q40参照）。

念のため断っておきますが、この規定は首長等・議員に対して不正な企業献金の「収受」を禁じているのであって、献金をする側の後援活動を規制するものではありません。たとえ献金があっても、受ける側が断ればよいのです。

また、こんな手口もあります。自民党京都府連は二〇一九年の衆院選で、立候補予定者が代表を務める政党支部や政治団体から二〇〇万〜七〇〇万円（計二四〇〇万円）を拠出させ、府議二七人、市議二二人に五〇万円ずつ配っていました。しかもこれは、二〇一四年の衆院選、一六年の参院選でも行われていたことが発覚したのです。

当時の府連事務局長は退任の「引継書」に、こう明記していました。「本当に回りくどいシステムなのですが、候補者がダイレクトに議員に交付すれば、公選法上は買収になりますので、府連から交付することとし、いわばマネーロンダリングをするのです」。

地元の弁護士らは、この脱法行為を京都地検に告発しました。こうした政治献金や選挙支援も「政治的・道義的批判を受ける政治献金」に当たることはいうまでもありません。

Q9　政治倫理規準に「議員としての発言又は情報発信は、確たる事実に基づいて行うこと」を加えている例もありますが、必要でしょうか？

有害無益の規定です。

このような規定を設けるのは、憶測で他人の名誉を傷つける発言を禁じたいからでしょう（豊橋市議員政治倫理条例など）。さらに「虚偽の事実により他人の名誉を毀損する行為をしないこと」と付け加える例もあります（伊豆市議員政治倫理条例など）。しかし、憶測や虚言で他人の名誉や信用を失墜させることは、犯罪として刑罰を科せられ、不法行為として損害賠償の請求事由ともなります。わざわざ条例で定める必要はありません。

政治倫理規準は、議員・首長等がその権限や地位の影響力を利用して不正な利益を得ることを禁じるものです。名誉毀損や不確かな憶測発言一般がこれに当たるわけではありません。このような規定は無用の長物です。

それどころか、実際には、特定議員に対する個人攻撃や議会内の政争の具に利用されるおそれがあります。このような規定がなくてさえ、倫理規準を恣意的に拡大解釈・適用してライバル議員を蹴落とそうとする例は少なくありません。

最近、とんでもない〝事件〟が起きました。愛知県愛西《あいさい》市で、市民が配布したビラに一女性市議の議会批判の言辞が載っていたため、審査会がこれを政治倫理規準違反と認定し、議長に処罰するよう求めたのです（二〇二一年）。しかし、同市の議員政治倫理条例は議員に適用されるのであって、住民の表現活動（ビラ配り）を規制するものではありません。したがって、この件は条例の適用を誤り、審査請求も、審査会の設置も、審査会の審査・勧告もすべて違法・無効です。

また、こんな事例もあります。広島県呉市の一市議が新型コロナウイルスの感染を防ぐマスク着用を拒んだため、旅客機に搭乗できず、出発が遅延しました。これが同市議員政治倫理条例の倫理規準に抵触するとして審査会にかかり、全員一致で辞職勧告を行うよう議長に求めました（二〇二一年）。同条例には、議員は「市民全体の代表者として、その品位と名誉を損なう一切の行為を慎み、その職務に関し、市民の疑惑を招くおそれのある行為をしないこと」とあります（第三条第一項第一号）。

政治倫理規準は議員の適格性を判断する準則であって、社会的な迷惑行為を取り締まる法規ではありません。件《くだん》の市議は「マスクは健康を害する」として着用反対運動をしていましたが、この一事をもって議員の適格性なしと判断するのは早計に過ぎるでしょう。

政治倫理規準の立法と運用に当たっては、これが個人攻撃や政争に利用されぬよう留意が肝心です。

Q10 政治腐敗の責任は首長や議員にあるとしても、職員採用や公共工事の受注のあっせんなど、住民や業者がその原因をつくっている面もあります。条例は、住民についても政治倫理規準を定めるべきではありませんか？

A ご意見は一理あります。実際、首長等・議員の政治倫理規準の各規定に対応して、住民の責務を列挙した条例もないわけではありません。

しかし、この条例は首長等・議員の政治倫理を確立するためのものです。したがって、条例の適用対象はこれら公職者であって、住民ではありません。また、かりに住民の政治倫理規準を逐一定めてみても、それは訓示規定にとどまります。だから条例は、市民の責務として「市民は、主権者として自らも市政に参加し、公共の利益を実現する自覚を持ち、市長等及び議員に対し、その権限又は地位の影響力を不正に行使させるような働きかけをしてはならない」とだけ定めています。

もし住民や業者の不正な働きかけを規制するのなら、首長等・議員に対する働きかけだけではなく、職員に対する働きかけも規制する必要があります。そのためには、職員への働きかけを記録し、チェックし、不正な働きかけを公表し、制裁を科すための仕組みが必要になります。しかし、それは政治倫理条例の目的と適用範囲を越えます。別個に、コンプライアンス（法令遵守）条例で定めるべきことでしょう。

Q11　請負規制を首長等・議員だけでなく、その親族企業にまで広げるのは、地方自治法や憲法に違反しませんか？

A　違反しません。その点については、すでに最高裁（第三小法廷）の合憲判決（二〇一四年五月二七日）があります。

率直にいって、違憲論はこの条例に反対するための言いがかりです。条例が違憲だから反対するのではなく、請負規制に反対だから条例の違憲を言い立てているのが実情でした。

主な論点は二つあります。ひとつは、親族企業の請負規制が憲法の職業選択の自由や財産権を侵害しないか。もうひとつは、条例で地方自治法を上回る請負規制をするのは違憲ではないか、という点です。そのほか、請負辞退届の提出義務は議員活動（表現の自由）の不当な制約だとの主張もありました。

これらの点を子細に検討した最高裁の合憲判決を紹介しておきます。少し長くなりますが、目を通してください。事件は、広島県府中《ふちゅう》市の議員政治倫理条例が二親等以内の親族企業の請負辞退を定めた規定の合憲性が争われたものです。

本件規定による二親等規制の目的は、議員の職務執行の公正を確保するとともに、議員の職務執行の公正さに対する市民の疑惑や不信を招くような行為の禁止を図り、もって議会の公正な運営と市政に対する市民の信頼を確保することにあるものと解され、このような規制の目的は正当なものということができる。

本件規定による二親等規制は、上記の目的に従い、議員の当該企業の経営への実質的な関与の有無等を問うことなく、上告人〔市〕の工事等の請負契約等の相手方が二親等内親族企業であるという基準をもって、当該議員に対し、当該企業の辞退届を徴して提出するよう努める義務を課すものであるが、議員が実質的に経営する企業であるのにその経営を名目上二親等以内の親族とするなどして地方自治法九二条の二の規制の潜脱が行われるおそれや、議員が二親等以内の親族のために当該親族が経営する企業に特別の便宜を図るなどして議員の職務執行の公正が害されるおそれがあることは否定しがたく（地方自治法一六九条、一九八条の二等参照）、また、二親等内親族企業が上告人〔市〕の工事等を受注することは、それ自体が議員の職務執行の公正さに対する市民の疑惑や不信を招くものといえる。そして、議員の当該企業の経営への実質的な関与の有無等の事情は、外部の第三者において容易に把握し得るものではなく、そのような事実関係の立証や認定は困難を伴い、これを行い得ないことも想定されるから、仮に上記のような事情のみを規制の要件とすると、その規制の目的を実現し得ない結果を招来することになりかねない。他方、本件条例は、議員に対して二親等内企業の辞退届を提出するよう努める義務を課すにとどまり、辞退届の実際の提出まで義務付けるものではないから、その義務は議員本人の意思と努力のみで履行し得る性質のものである。また、議員がこのような義務を履行しなかった場合には、本件条例所定の手続を経て、警告や辞職勧告の措置を受け、審査会の審査結果を公表されることによって、議員の政治的立場への影響を通じて議員活動の自由について事実上の制約が生ずることがあり得るが、これらは議員の地位を失わせるなどの法的な効果や強制力を有するものではない。これらの事情に加え、本件条例は地方公共団体の議会の内部的自律権に基づく自主規制としての性格を有しており、このような議会の自律的な規制の在り方についてはその自主的な判断が尊重されるべきものと解されること等も考慮すると、本件規定による二親等規制に基づく議員の議会活動の自由についての制約は、地方公共団体の民主的な運営におけるその活動の意義を考慮してもなお、前記の正当な目的を達成するための手段として必要性や合理性に欠けるものとはいえず、二親等規制を定めた市議会の判断はその合理性な裁量の範囲を超えるものではないということができる。

以上に鑑みると、二親等規制を定める本件規定は、憲法二一条一項〔表現の自由〕に違反するものではないと解するのが相当である。

また、本件規定による二親等規制が憲法二二条一項〔職業選択の自由〕及び二九条〔財産権〕に違反するかどうかについてみるに、上記において説示したことに加え、規制の対象となる企業の経済活動は上告人〔市〕の工事等に係る請負契約等の締結に限られるところ、二親等内親族企業であっても、上記の請負契約等に係る入札資格を制限されるものではない上、本件条例上、二親等内親族企業は上記の請負契約等を辞退しなければならないとされているものの、制裁を課するなどしてその辞退を法的に強制する規定は設けられておらず、二親等内企業が上記の請負契約等を締結した場合でも当該契約が私法上無効となるものではないこと等の事情を考慮すると、本件規定による二親等規制に基づく二親等内企業の経済活動についての制約は、前記の正当な目的を達成するための手段として必要性や合理性に欠けるものとはいえず、二親等規制を定めた市議会の判断はその合理的な裁量の範囲を超えるものではないということができる。

以上に鑑みると、二親等規制を定める本件規定は、憲法二二条一項及び二九条に違反するものではないと解するのが相当である。

この丁寧な判決文に付け加えることはありません。ちなみに、請負規制を「一親等」の親族企業とする条例もありますが、これが合憲であることは、右の論旨から明らかです。

なお、この最高裁判決（二〇一四年五月二七日）は、一審・広島地裁の合憲判決（二〇一〇年一一月九日）が控訴審・広島高裁で逆転の違憲判決（二〇一一年一〇月二八日）となり、府中市が最高裁に上告していたものです。最高裁は高裁判決を破棄・差し戻し、高裁の再度の判決で原告議員の敗訴が確定しました。

Q12　請負辞退に首長等・議員の親族企業のほか、「首長等・議員が実質的に経営に携わっている企業」を加えているのはなぜですか？

A　血縁関係のないダミー会社に請負をさせる脱法行為を防ぐためです。条例で親族企業の請負規制をすると、必ずといってよいほど、役員を親族以外の者に名義替えして規制を免れようとします。

しかし、これは地方自治法の兼業禁止（請負禁止）の趣旨に反します。この点、立法者もつとに警告していました。「〔たとえ会社役員の名義を替えても〕実質はその議員が請負っているのとなんら異ならないような事態も、本条〔地方自治法第九二条の二〕の趣旨から極力避けられねばならないところである」（松本英昭『新版・逐条地方自治法』八次改訂版三五五頁）。

また、次のような判例もあります（熊本地裁玉名支部一九九八年二月一七日判決）。

議員と法人〔企業〕との間に実質的な支配関係がある場合に地方公共団体がその法人を公共工事から排除することは右規定〔地方自治法第九二条の二〕の趣旨や社会常識等に照らして合理性が認められ違法とはいえない。

じつは、これが政治倫理条例をめぐる最初の訴訟でした。下級審の判決（控訴せず確定）とはいえ、重要な示唆を含んでいますので、少々立ち入って事件を見ておきます。

事件は、二親等の請負規制を定めた熊本県南関町《なんかんまち》の議員政治倫理条例で入札から排除された議員の関係企業が町を訴えたものです。原告は三社で、うち二社は議員の実弟が社長の親族企業、一社はダミー会社です。

原告の三社は、もし条例の請負規制がなければ得られたであろう利得を過去の実績から推定し、「得べかりし利益の喪失（逸失利益）」として計一六〇九万円の損害賠償請求訴訟を町に対して起こしました。これは驚くべきことです。請負がいかに〝利権化〟〝既得権化〟しているかを自白するようなものですから。筆者は、議員研修で条例の請負規制について話したとき、「あんた、他人の茶碗《ちゃわん》をはたき落とす気か」とすごまれたことがあります。また、議員の内輪話では請負をめぐって「これはおれのまつたけ山」「あれはあいつのいけす」といった会話が交わされると聞いてはいましたが……。

判決は、請負の二親等規制は禁止ではなく、努力規定であって適法と判示しました。が、むしろ注目すべき点は、親族企業でなくても、議員が「実質的に支配している企業」、つまり「実質的に経営に携わっている企業」の請負規制を適法と認めたことです。南関町条例には、実質経営関与企業について請負規制の明文規定がないにもかかわらず。

じつは、原告のダミー会社は議員が設立し、社長だった会社で、議員が土地・家屋を事務所として賃貸し、株式の過半数をもち、条例施行までは家族・親族が役員を務め、多額の報酬を得ているうえに、議員は同社が請負を受注できるよう執行部に働きかけていました。判決はこれらの事実を認定したうえで、右に引用した見解を述べたのでした。

なお判決は、他の一社について町民税の滞納の事実を認定し、入札要綱に基づく入札からの排除を正当と判示しています。これらの点は、条例の作成や運用にあたって示唆を与えてくれるでしょう。

しかし、首長等・議員が「実質的に経営に携わっている企業」とは不明確な概念なので、定義規定を置く必要があります。出資比率、報酬の額、取引への関与など、実質的な経営関与を推認させる客観的指標で定義すべきでしょう。モデル条例を参考にしてください。

Q13 請負辞退には自治体だけではなく、公社や出資法人の工事等も含めるべきですか？

A そうです。その旨を条文に明記しておく必要があります。自治体が設立した公社や出資法人は、自治体が出資し、自治体の幹部が役員となり、自治体の事業の一部を担っています。しかも、その公共工事は巨額にのぼり、しばしば利権の対象ともなるからです。

ちなみに、公社や出資法人は、情報公開条例でも自治体とともにその実施機関となっています。地方三公社（土地開発公社、地方住宅供給公社、地方道路公社）については、総務省もかねてから同条例の実施機関となることを認めていました。また、出資法人については、首長に適正な予算執行のための調査権があるところから、首長が出資法人に情報の提出を求め、首長を介して情報を開示することで、これを情報公開の対象としているのが通例です。政治倫理条例も同様に考えるべきで、大半の条例は公社や出資法人も当該法人との請負契約をしない旨を明文で定めています。

ただし、地方自治法施行令は、首長の兼業禁止については議員と異なり、当該自治体が資本金の二分の一以上を出資している法人を適用除外としています（第一二二条）。自治体が主体となって設立した出資法人は、その運営に責任をもつため、首長が理事長を兼ねる場合が多いからです。この点に配慮して、条例の多くは、請負を辞退すべき出資法人を自治体が資本金の二分の一以上を出資している法人に限っています。なかには、出資比率を三分の一以上とする例もありますが、それは自治体の立法裁量に属します。

Q14　自治体の補助金交付団体については、請負規制はないのですか？

A　ありません。補助金や助成金の交付団体は出資法人とは異なり、任意団体など多種多様で、補助金も少額の場合が多く、自主的な活動が期待されるものだからです。

しかし、補助金交付団体のなかには補助金が多額で、その事業が自治体行政の一環をなすものもあります。また、そうした団体にかぎって議員が役員である例が多く、自治体との間に不透明な癒着が生じがちです。そのため、長崎市政治倫理条例（二〇〇三年）は、議員が社会福祉法人、学校法人の有償の役員を兼ねることを自粛し、無償の場合もこれを届け出ることとしています（第一五条）。むろん、資産公開制度があれば、議員の肩書と報酬の有無は報告が義務づけられますが、この規定はこれら補助金交付団体の役職と議員との兼職自体を規制する点に意義があります。

ちなみに、社会福祉法人については、自治体の長や職員、施設整備にかかわった業者がその役員となることを原則として認めない、との国の通達があります。また、社会福祉法人とその役員の親族企業との取引がしばしば不祥事をひき起こしているため、運営の透明化を図る社会福祉法の改正が国会で審議中です。

こうしたことを考慮すれば、長崎方式をとるのも一案でしょう。しかし、補助金交付団体の役員と首長等・議員との兼職を一般的に禁じることは、法的にも実際上も困難です。ただ、問題によっては、不正疑惑行為の自粛など政治倫理規準の適用が可能な場合はありえましょう。

Q15 条例で請負辞退を定めたからといって、実際に守られるのでしょうか?

A 守らせるためには、それなりの工夫が要ります。ここで、請負辞退規定の実効性を担保する仕組みを改めて説明しておきましょう。

まず、関係企業のある首長等・議員は、関係企業に請負辞退届を書いてもらいます。首長等・議員は関係企業に支配力をもっていますから、説得して辞退届を書いてもらえるはずです。そして、首長等・議員は関係企業が作成した請負辞退届をそれぞれ首長または議長に提出し、これを首長の手元に集めます。請負契約の締結権者である首長は、当然のことながら、辞退届の出ている企業と請負契約を結ぶことはできません。辞退届を提出させるのはそのためです。

同時に、首長は辞退届の提出状況を広報紙等で公表します。辞退届の提出状況の公表とは、辞退届を提出した首長等・議員と関係企業名を公表することです。これによって、住民は首長等・議員の関係企業を知り、もし辞退届を提出しなかったり、提出しているのに請負をした疑いがあれば、政治倫理審査会に調査を請求することが可能になります。この他、住民の調査請求権はいっさいの条例違反に及び、請求を受けた審査会は調査・審査を行い、条例違反の有無を認定し、違反者に対して必要な措置をとるよう首長または議会に勧告します。審査会の条例違反の認定と勧告は「意見書」として公表されます。そして首長または議会は、審査会の勧告を尊重して、条例違反者に対し必要な措置（懲戒処分、懲罰処分）をとることになります。審査会の勧告に法的拘束力はありませんが、もし首長や議会が勧告を無視して条例違反を不問に付せば、世論の非難を浴びるでしょう。条例に罰則はなくても、こうした社会的・政治的制裁が請負辞退の実効性を担保しているのです。

それでも、辞退届を出さない議員がないではありません。こんな事例がありました。某市で、一議員が親族企業の請負辞退届を提出していなかったため、市は議員の親族企業と請負契約を結んでいたのです。そのことが工事完了後に〝発覚〟し、紛糾しました。しかし市は、発注先が議員の親族企業であることを知らなかったはずはありません。辞退届が出ていないから請負契約をしたというのは、行政の怠慢か、むしろ故意の〝共謀〟ではないか。いずれにせよ、辞退届を提出しなかった議員も、親族企業と知りつつ請負契約を結んだ市長も条例違反を犯したことは明白です。

また、こんな実例もあります。自治法の兼業禁止をすり抜けるため、社長を配偶者に名義替えしていた市議が、配偶者・親族企業の請負規制を定めた政治倫理条例が制定されたため、離婚したのです。これを見て、同僚議員が「おれはカトリックだから離婚もできない」と悔やんだとか。むろん、離婚は戸籍上だけですが。

事ほどさように、請負規制を逃れるためにはあの手この手が使われます。条例づくりで最も強い抵抗に逢うのは、この請負規制だという点に留意が肝要です。

しかし他方、こんな例もあることを議員の名誉のために付け加えておきます。福岡県行橋《ゆくはし》市で、請負規制を親族企業に広げる条例改正が行われたときのこと（一九九五年）。改正に賛成討論をした一市議が、採決直後に、議長に辞表を提出しました。子息が土建組合長をしていたため、清く身を引いたのでした。その後、元議員は廉潔さを買われて政治倫理審査会の委員を務めましたが、同様の例は他にもあります。

Q16 親族会社の請負まで規制すると、議員のなり手がいなくなり、地域経済の低滞を招くおそれもあります。

A この条例は、首長等・議員の親族企業が当該自治体の請負を辞退するよう定めるだけで、親族企業のある者が議員になることを禁じているわけではありません。堂々と議員になりになればよろしい。ただ、親族企業が当該自治体の公共工事を請け負えないだけのことです。なぜ、それで議員のなり手がなくなるのでしょうか。かりにも議員の地位を利用して我が田へ水を引く〝利権議員〟なら、こちらが願い下げです。

また、請負規制は「地域経済の低滞を招く」とおっしゃいますが、請負で儲かるのは首長等・議員の関係企業だけではありませんか。自治体と癒着した企業に多額の公金を支出して稼がせることが、どうして「地域経済」の浮揚や発展につながるのでしょう。

佐賀県の玄海町《げんかいまち》には九州電力の原発があります。この町は九電の城下町、〝原発城下町〟です。町財政の六割が〝原発マネー〟で賄われ（二〇一一年度）、地元企業は九電発注の原発関連工事で潤っています。

その玄海町では、町長の実弟が経営する土建会社が町発注工事の四割（町長の就任後、四年間で計二二億九〇〇〇万円）を受注していました。また、九電の発注工事の四割（同、計一二億九〇〇〇万円）も同社が受注しています。しかも、町長は実弟会社の大株主で、配当と株の売却で一一四〇万円の収入を得ていました（二〇一一年）。

これが問題化したとき、町長の言い分が「やましい気持ちはない」「地元経済の発展のため」でした。そして、政治倫理条例を求める町民の声に耳を貸そうともしません。親族企業の請負規制は困るからです。

また、こんな事例もあります。熊本県水俣《みなまた》市の議員政治倫理条例は、配偶者・二親等以内の親族企業の請負辞退を定めていますが、この規制をなくすよう同市商工会議所が議会に陳情しました（二〇一五年）。理由は、「経営感覚を生かして市政の意識改革や地域振興を目指す人材が、政治の場に参加する機会を狭める。職業選択の自由をより強く制限することになる」「リタイアして年金で生活に困らなくなった人ばかりが市議になるのでは駄目。いまの条例はあまりにも厳しすぎる」というのです。

陳情を受けた議会の特別委員会での議論は、賛否両論に割れました。「人口二万六〇〇〇人の水俣では公共事業がないと経営が成り立たず、条例は現状にそぐわない」と規制緩和に理解を示す意見がある一方、「過去の反省でつくった条例をないがしろにするもの。事件が起きてからでは遅い」と条例改正に反対する意見も出ました。三回に及ぶ審議でも結論が得られず、結局、「時間をかけて議論する必要がある」として陳情は不採択となりました。

不採択は議会の妥当な判断といえましょうが、この陳情の不条理を黙過することはできません。それは「貧すれば鈍する」のことわざどおり、つまるところ、地元経済の振興のためには多少の利権政治や不正・腐敗には目をつむれ、と公言するようなものだからです。

陳情は、一般市民がしたのではありません。地元の商工会議所が「地域振興を目指す、経営感覚のある人材」を議会に送り込むために、提出したのです。しかし、条例の二親等請負規制がなぜ、その障害になるのでしょうか。条例は、親族企業のある人が議員になることを禁じていません。ただ、親族企業が市との請負契約を辞退するよう定めているだけです。これが差し障りになるのは、身内に甘い汁を吸わせるために議員になろうという徒輩であって、「経営感覚」のある有能で、「地域振興」の志ある人物が、どうして議員になるのを妨げるのでしょう。筋の通らぬ言い分です。

まして、これを「職業選択の自由」の不当な制限と強弁するにいたっては、もはや噴飯ものです。議員は、生業《なりわい》＝生活のための仕事、つまり「職業」ではありません。市民を代表する公職者という「社会的地位」です。だから、選挙で当選して議員になることは「職業選択の自由」とはなんの関係もありません。それとも、議員だって〝食うための稼業〟とおっしゃるのでしょうか。ならば、百歩ゆずって議員を「職業」と解したとしても、職業選択の自由には「公共の福祉」の制限があります（憲法第二二条第一項）。だから、医師や弁護士には国家試験があり、弁護士法・医師法違反には刑罰が科せられ、職業倫理に反すれば医師会や弁護士会の除名を含む懲戒処分を受けます。ところが、議員には国家試験も、議員業界の自主規制もなく、選挙で当選しさえすればよいのです。

条例が議員の親族企業の請負を規制しているのは、議員の身内が市と請負関係に立つことによって公正な議会運営が損なわれ、政治の不正・腐敗を招くおそれがあるからです。この重大な〝公共の不利益〟を防ぐために、条例は請負の二親等規制を定めているのです。要は、議員の地位利用による私腹肥やしは、議員の職責にもとり、政治倫理に反するということです。この簡明な道理をわきまえないのは、利権議員と税金を食い物にする土建業者だけでしょう。「地域経済の浮揚」や「経営感覚の導入」といった言辞は、こうした議員や業者のホンネを被い隠すベールではありませんか。

Q 17 物品納入契約の辞退には、議員が経営するガソリンスタンドでの給油や飲食店の利用なども含まれるのですか?

A 取引が自治体との契約によるものではなく、事実行為としての売買などはこれに含まれません。辞退すべきなのは、契約です。したがって、役所の近辺で議員が営む飲食店の利用やコンビニでの日用品の購入、文具店での事務用品の購入などは、契約によるものでないかぎり辞退規定に該当しません。

しかし、議員の関係業者が庁内に食堂を出店するような場合は、契約に基づくため、この規定に該当します。また、議員の営む旅行代理店が議員の視察旅行や公立校の社会見学の手配をすることは、この規定違反と認定された例もあります（苅田町《かんだまち》、二〇一三年）。

議員の経営するガソリンスタンドでの公用車の給油については、実際に問題になりました。このケースでは、件《くだん》のガソリンスタンドは町の公用車の給油を半ば独占していたものの、役所との間に取引契約はなく慣行にすぎなかったため、審査会は条例違反を認定せず、事態の改善を勧告するにとどめました（芦屋町《あしやまち》、二〇〇〇年）。

Q18　**地方自治法は指定管理者をなんら制限していないのに、条例で首長等・議員の関係業者の指定を禁止してよいのでしょうか？**

A　その点については、総務省は「各地方公共団体の判断により、条例で『長や議員本人又は親族が経営する会社』は指定管理者になることができないこととすることも可能」との見解を示しています（成田頼明監修『指定管理者制度のすべて』第一法規、二〇〇五年、一三頁）。
これは立法者の公権解釈です。指定管理者の指定も請負契約と同様、首長等・議員の関係業者がこれを受ければ公正な行政執行や議会運営を損ない、政治腐敗の温床となるからです。法律でこれを規制しなかったのは、指定管理業務があまりに多種多様で、法律による一律規制が不可能なため、地域の実情に応じて条例による規制に委ねたのでしょう。

現に、政治倫理条例がない自治体でも、指定管理者条例で首長等・議員の関係業者の指定を禁ずる例は少なくありません（詳しくは、拙著『指定管理者制度と情報公開――ブラックボックスにさせないための条件』自治体研究社、二〇〇六年を参照）。政治倫理条例でも請負辞退とあわせ、指定禁止の規定を置く必要があります。たとえば、福岡県行橋《ゆくはし》市は政治倫理条例を改正（二〇〇六年）して、「議員及び市長等並びにその配偶者又は一親等若しくは同居の親族が実質的に経営に携わっている企業は、……指定管理者の指定を辞退しなければならない」と定めています（第一四条）。

念のため、ここで法律と条例の関係について説明しておきましょう。ご存じのとおり、法形式としては法律が条例より上で、条例は「法律の範囲内で」（憲法第九四条）、「法令に違反しない限りにおいて」（地方自治法第一四条第一項）しか制定できないとされています。しかし、法令に規定がないからといって、条例で規制してはならないわけではありません。

法令の規定がない場合でも、それがいっさいの規制を許さず、自由放任とすべき趣旨でないかぎり、条例による規制が直ちに違法とはなりません。規制の目的が正当であり、規制の手段が合理的であれば、適法です。これを俗に「横出し条例」と呼んでいますが、その例は駐輪規制条例や路上喫煙禁止条例、青少年保護育成条例など数多くあります。情報公開やストーカー規制などは条例が先行し、後から法律ができました。

また、いわゆる「上乗せ条例」も適法です。これは、法令の規定はあるものの、その基準を上回る規制や給付を定めた条例のことで、公害規制条例や福祉関連条例などその例は枚挙にいとまがありません。このように規制の目的が正当で、規制手段が合理的であるかぎり、条例で法令にない規制や法令を上回る規制をしても法令には抵触せず、適法です。政治倫理条例による指定管理者の指定禁止はこうした「横出し条例」、親族企業の請負辞退は「上乗せ条例」の一例にすぎません。

近年、自治法の改正で国の政令・省令・通達等による縛りが撤廃され、自治体の立法権は拡大しました。地方の実情に応じた自主立法の活用こそ望まれます。

Q19　首長等・議員の関係業者の指定を禁ずる場合、どのように規定すればよいのでしょうか？

A　モデル条例に示したとおり、請負辞退規定のあとに条を起こし、次のように定めるのがいいでしょう。

第〇条　前条第一項に規定する企業〔請負辞退企業〕又は団体は、地方自治法第二四四条の二第三項に規定する指定管理者となることができない。ただし、他に適当な指定管理者がない等やむを得ない事情のあるときは、この限りでない。

請負契約等を辞退すべき首長等・議員の関係企業および団体は、指定管理者の指定を受けることができないとの趣旨です。指定管理者には法人企業のほか法人格のない団体（たとえば町内会やボランティア）もなれますから、「団体」を加えることを忘れてはなりません。

政治倫理条例がない自治体でも、指定管理者条例で関係企業・団体の指定禁止を定めている例は少なくありません。参考までに、その二、三を挙げておきます。

埼玉県和光《わこう》市の指定管理者条例（二〇〇四年）は、地方自治法の兼業禁止規定に倣って、次のように規定しています。

第四条　市長は、前条の規定による〔指定管理者の指定の〕申請があったときは、次の各号のいずれにも該当するもののうちから最も適当と認める団体を指定管理者の候補者として選定するものとする。

四　市長、助役、収入役、法〔地方自治法〕第一八〇条の五の規定により市に設置する委員会の委員若しくは委員（以下この号において「市長等」という。）又は議員が、市に対し主として指定管理者の業務及び請負をする法人（市長等の場合にあっては、市が資本金、基本金その他これに準ずるものの二分の一以上を出資している法人を除く。）の無限責任社員、取締役、執行役若しくは監査役又はこれらに準ずべき者、支配人及び清算人である法人でないこと。

また、東京都千代田区の指定管理者条例（二〇〇四年）は、指定管理者の「欠格事由」として、次のように定めています。

第六条　区議会議員が、代表者その他の役員である団体は、指定管理者たることができない。
2　区長、助役又は収入役が、代表者その他の役員である団体（区が資本金その他これに準ずるものの二分の一以上を出資している団体を除く。）は、指定管理者たることができない。
3　教育委員会委員が、代表者その他の役員である団体（区が資本金その他これに準ずるものの二分の一以上を出資している団体を除く。）については、当該教育委員会の職務に関して、指定管理者たることができない。

福岡県飯塚《いいづか》市の指定管理者条例（二〇〇五年）も、自治法の兼業禁止規定を踏まえて、次のように規定しています。

第四条　次の各号のいずれかに該当する団体（法人以外の団体はその代表者）は、指定管理者の指定を受けることができない。

五　指定管理者の指定を委託とみなした場合に、法〔地方自治法〕第九二条の二、第一四二条（同条を準用する場合を含む。）又は第一八〇条の五第六項の規定に抵触することとなる者を構成員とするもの

同条例はこのほか、指定管理者の指定を取り消されて二年以内の者（第三号）、一般競争入札の参加が制限されている者（第四号）、税の滞納者（第六号）についても指定を禁じている点が注目されます。ちなみに、同市には政治倫理条例がありますが、請負規制の定めはありません。

なお、指定管理業務が小規模で業者の採算がとれず、指定管理者のなり手がいないといった場合もありえます。そうした「やむを得ない事情のあるときは、この限りでない」との適用除外規定を置く必要があるかもしれません。ただし、これが抜け穴にならぬよう運用上の注意が必要です。指定管理者の指定には議会の議決を要しますから、議会によるチェックがとくに重要となるでしょう。

Q20 請負は辞退の努力義務なのに、指定管理者の指定が禁止なのはなぜですか？

A 請負が契約であるのに対して、指定管理者の指定は行政処分だからです。契約は当事者双方の合意で成立しますが、指定管理者の指定は飲食店の営業許可や保育所の認可と同様、行政庁の一方的な処分です。

契約は相手方にも「契約の自由」がありますから、自治体が首長等・議員の関係企業と請負契約を結ばないためには、関係企業に請負契約の申入れをあらかじめ「辞退」してもらわねばなりません。条例が関係企業の請負辞退届の作成を定めているのはそのためです。また、これを強制ではなく、努力義務としているのは、企業の契約の自由・営業の自由に配慮し、憲法違反の疑義が生じるのを避けるためです。

これに対して、指定管理者の指定は行政処分ですから、自治体が関係企業・団体を指定しなければよいわけです。だから条例は、関係企業・団体に対してではなく、自治体に対して関係企業・団体を指定することを禁じているのです。

それに実際上、指定管理業務は多種多様で、指定の対象となる企業・団体は予想がつきませんから、請負とは違って、あらかじめ辞退届を提出させることは不可能です。したがって、指定管理者の指定禁止を請負辞退規定に含めて規定したり、指定管理者の指定に請負辞退規定を準用したりすることはできません。やはり、別個の条文を設ける必要があります。

Q21 政治倫理条例は、請負に関して市の公社や出資法人も市とみなして、市長等・議員の関係企業との請負契約を禁じています。同様に、市の指定管理者も市とみなして、指定管理者と関係企業・団体との取引契約を禁じるべきなのでしょうか？　そう定めている条例もありますが……。

A とんでもない立法の誤りです。規制すべきは、市が行う指定管理者の「指定」であって、指定管理者と業者との「取引契約」ではありません。このような誤解が生じるのは、指定管理者制度をまったく理解していないからです。

そもそも、指定管理者制度は「民営化」の一方式です。従来、官が独占していた公共サービスを民間に開放し、民間業者の参入を促すための制度です。そして、民間の経営ノウハウを生かし、非効率なお役所仕事を改めて市民サービスを向上させ、自治体の行財政負担を軽減するとともに、地域経済の活性化を図るのがねらいです。したがって、指定管理者の経営の自由は最大限に保障されねばならず、これを規制すべき法的根拠はありません。

ところが、この民営化の方針に反して、相変わらず自治体の外郭団体や行政の下請組織に公の施設の管理業務を代行させている例が少なくありません。これでは、公社や出資法人、公共的団体（商工会議所、農協、町内会など）が従来から行っていた施設管理の業務委託を指定管理者方式に切り替えただけのことです。指定管理者を自治体と同視する誤解が生じたのは、そのためでしょう。

政治倫理条例が首長等・議員の関係企業・団体の「指定」を禁じているのは、首長や議員が指定管理者の指定に関与する以上、その関係企業・団体が指定管理者になると、行政や議会の公正な運営を損ない、癒着と不正を生むおそれがあるからです。この点については、総務省も「条例で『長や議員本人又は親族が経営する会社』は指定管理者になることができないとすることも可能」との公権解釈を示しています（成田頼明監修『指定管理者制度のすべて』第一法規、二〇〇五年、一三頁、一二頁、九二頁）。

だから、くり返し強調しますが、規制すべきは自治体による指定管理者の指定（行政処分）であって、民間業者を想定した指定管理者と民間業者との取引契約（民事契約）ではありません。

ご質問の例は周南《しゅうなん》市の政治倫理条例（二〇〇五年制定）ですが、同市は立法の誤りを指摘され、このほど条例を改正、右の点を是正しました（二〇一五年）。

それでもなお、指定管理者が自治体の出資法人や外郭団体、行政の下請組織である場合、首長等・議員の関係企業・団体が指定管理者と取引契約を結んでよいのかという疑問が残るかもしれません。が、これを禁じることは、法理上も実際上も困難です。指定管理者は民間業者もなれる以上、指定管理者の契約の自由は保障されねばならず、首長等・議員の関係企業との取引だけを禁じることはできません。しかも、指定管理者と業者の取引契約は小額のものも多く、これを請負契約と同様に規制すると、指定管理業務に支障をきたすことがあるからです。たとえば、指定管理の保育所の給食サービスなど、議員の関係企業以外に取引業者がない場合もありえますし、指定管理者方式の「道の駅」に議員が役員を務める農協が農産物を委託販売することもできなくなります。

ただ、次のことを付言しておきます。指定管理者は指定を受けるにあたって事業計画を提出し、毎年、事業報告をしなければなりません。そして、指定には議会の議決を要しますから、議会は事業計画や事業報告をチェックすることができます。また、首長は指定管理者に対し監督権をもちますから、指定管理者と業者との取引にもし問題があれば、首長はこれを調査し、指定管理者に是正を命じ、是正されないときは、業務の停止や指定の取消しをすることができます。指定管理者と業者との不正な契約には、こうした対処が可能かつ適切です。

Q22　資産公開のない政治倫理条例も多いようですが、それではいけませんか？

A　よろしくありません。もともと政治倫理条例は、資産公開を定めた米国の政府倫理法（一九七八年）に倣ったものです。だから、資産公開はこの条例の大黒柱です。首長には資産公開があるのに、議員になくてよいわけがありません。資産公開は、住民を代表する公職者の私腹肥やしを防止する制度であって、潔白の挙証責任は公職者にあります。その責任は、首長も議員も違いはありません。議員には資産公開がなくてよいという理由を、納得のいくよう説明してもらいたいものです。

さきごろ、福岡県の飯塚《いいづか》市議会は政治倫理条例を改正して、資産公開を廃止しました（二〇一五年）。「資産公開のない条例が多い」というのがその口実です。しかし、福岡県内の政治倫理条例で、議員の資産公開のある条例が三七市町村、ないのは一六市町にとどまります。全国では、議員の資産公開が義務づけられた政令市を含め、一〇〇を超える市町村が政治倫理条例で議員の資産公開をしています。

資産公開の廃止に賛成した飯塚市議は、「資産公開は実効性がない」「抜け穴だらけのザル法だ」「資産報告書の閲覧者が少ない」「カネがかかる」「痛くもない腹を探られたくない」

などと言い立てました。

しかし、ザル法を制定したのは議員自身です。抜け穴はふさげばよく、資産公開に実効性がなければ、実効性のあるものに改正すべきでしょう。資産報告書の閲覧者が少ないなら、その要旨を広報紙に掲載すればよいのです。多くの自治体はそうしています。カネがかかるといっても、審査委員一人あて五八〇〇円の費用弁償だけです。まして、「痛くもない腹」なら、探られて困ることはさらさらないでしょうに。

資産公開は、議員の〝品質保証〟制度です。議員が公職を利用して私利を図らないという、議員の適格性を保証するための制度です。その立証責任は議員にあります。なのに、どうしてこれを嫌がる議員がいるのでしょうか。たぶん、よほど品質の悪い議員なのでしょう。

飯塚市は、県内初の政治倫理条例を市民運動で制定した先進地です。さすがに市民は怒り、反対運動の結果、条例を再改正して議員の資産公開を復活させました。

Q23 議員にもプライバシーがある。資産は社会的信用にもかかわるので、その公開は、はなはだ迷惑。小さな自治体の議員に資産公開など必要ないと思いますが……？

A 資産公開がプライバシーの侵害に当たらないことは、本論で詳述しました。だからここで繰り返しませんが、これだけは言っておきます。

資産公開が「迷惑」なら、議員におなりにならなければよいのです。強いられて公職に就いたわけではなく、望んで議員になられたわけですから。自分が主観的に「他人に知られたくない」「公開されると迷惑だ」ということが、すべてプライバシーとして法的に保護されるわけではありません。

有権者は、議員が資産家かどうかを知りたいのではありません。資産の多寡は議員の信用とは無縁です。ただ、公職利用の私腹肥やしは議員失格です。住民の代表者として立派に議員活動をしていれば、資産公開がどうして迷惑なのでしょうか。

資産公開は公職者の適格性を審査するためです。公職を利用して私利を図らない証しとして、資産を公開するのです。そして、そのことについて主権者・住民は「知る権利」をもっています。住民を代表する公職者が公正に職務を行っているかどうかは、民主主義を担う有権者の知るべきことだからです。これは自治体の大小にかかわりません。したがって、資産公開がプライバシーの侵害なのではなく、議員の資産公開は不要とおっしゃることのほうが主権者の「知る権利の侵害」になるのではありませんか。

たしかに、国の資産公開法は、一般市町村の議員の資産公開を義務づけていません。しかし、ともに選挙で選ばれる住民の代表者でありながら、首長に資産公開があって議員にないのは筋が通りません。地方分権の時代、条例で地方議員の資産公開を行うことは、まじめな議員の務めでしょう。

Q24 資産公開は、個人情報保護法に違反しませんか？

A 違反しません。資産公開のどこが、個人情報保護法のどの規定に違反するとおっしゃるのでしょうか。個人情報保護法をお読みになりましたか。

個人情報保護の法制は、基本法で、理念や基本方針を定め、民間部門と公的部門の二本立てになっています。「個人情報の保護に関する法律」は基本法で、民間の個人情報取扱業者に適用されます。一方、「行政機関の保有する個人情報の保護に関する法律」「独立行政法人等の保有する個人情報の保護に関する法律」は国の行政機関、独立行政法人等にそれぞれ適用され、これら公的機関が保有する個人情報の開示・訂正・利用停止にかかる不服申立てを処理するために「情報公開・個人情報保護審査会設置法」が制定されています。これら関連法は、いずれも二〇〇三年公布、二〇〇五年四月一日から全面施行されました。また、自治体についても国に準じた条例の制定が義務づけられ、どの自治体も個人情報保護条例をもっています。

その目的は、個人情報の適正な管理にあります。したがって、これら法律や条例は行政機関や個人情報取扱業者に対して、本人から個人情報の開示を求められたときは原則として開示を義務づけ、収集目的以外にこれを利用したり、第三者に勝手に提供したりしてはならない旨を定めています。

政治倫理条例は、公職者たる首長等・議員本人に対して資産等の個人情報の公開を義務づけているのであって、行政機関や個人情報取扱業者に情報の提供を命じているのではありません。本人が公証機関（土地・建物については法務局）や個人情報取扱業者（預貯金については金融機関）に照会・確認して資産報告書を作成し、提出すればよいのです。

Q25　議員本人はともかく、家族の資産公開はプライバシーの侵害だ。妻のヘソクリを教えろなんて、とても言えない。それがもとで離婚にでもなったら、どうしてくれますか？

A　これは実際にあった話です。「資産公開で意外に財産がないことが知れると、娘の縁談に差し障る」「事業の不振が世間に知れて信用を失い、倒産でもしたら、損害賠償してくれるか」などと食ってかかる議員もいました。政治倫理条例をつくるとき、議員の抵抗が最も強いのは資産公開、とくにこの配偶者条項と、親族の請負辞退規定です。

むかし、「井戸塀《いどべい》」という言葉がありました。私財を投げ打って政治に奔走し、井戸と塀しか残らなかったことをいいます。そんな清貧に甘んぜよとはいいませんが、財産目当ての縁談なら、破談になった方がいいのかもしれません。また、自分の会社が倒産しそうなら、まじめに議員を務める余裕もないのではありませんか。かりにも議員の肩書と名誉だけが目当てなら、そんな議員は無用です。

米国の政府倫理法（一九七八年）は、配偶者、扶養する子女の資産公開を義務づけています。家族名義の資産も公開しないかぎり、名義替えによる資産隠しが容易にでき、その利益を受けるのは、生活共同体としての家族だからです。あれほどプライバシーにうるさい米国でさえ、家族を含む資産公開は公職者の適格性の判断に不可欠であり、これによって不適格者が公職に就くことをあらかじめ排除することができる、と考えられています。

首長等・議員本人だけでなく、その配偶者・扶養または同居の親族名義の資産についても、その公開が必要であり適法であることは本論で詳述しましたから、ここでは繰り返しません。ただ、本人名義だけの資産公開の場合、資産報告の直前に、本人の預貯金を妻子名義の通帳に移す議員が実際にいるのです。しかも、配偶者はしばしば贈賄のターゲットになります。妻子名義の資産も公開するのは、このような脱法行為を防ぐためです。

Q26　資産報告を首長等・議員本人のみとし、家族については政治倫理審査会が必要と認めたときに、報告書の提出を求めることにしてはいけませんか？

A　そのような条例もありますが、よくありません。名義替えによる資産隠しを防げず、資産報告の真実性がないからです。それに、特定の議員の資産報告に疑義があるときだけ、審査会が配偶者等の資産報告書の提出を求めると、「なぜ私だけか。不公平だ」「審査会はおれを陥れようとしている」といったお門違いの抗議が必ず出てきます。実際、そのために、当該議員が審査会の委員の更迭を首長に申し入れた例さえあります。

ですから、資産報告書は、すべての議員が家族名義のものを含めて毎年提出し、審査会の審査を受けるべきです。資産報告は継続的に行われることで資産の形成過程が明らかになりますが、特定の時点で、特定の議員についてだけ家族名義の資産を報告させても、あまり意味がありません。

条例のなかには、議員本人についても、審査会が必要と認めたときだけ、資産報告書の提出を求め、審査する例がありますが、これはもっとよくありません。資産「公開」にならないからです。全議員が毎年、資産報告をし、審査会がこれを審査しなければなりません。

Q27 首長等・議員の「配偶者及び扶養又は同居の親族」も資産公開の対象とする場合、同棲や遊学中の子女はどう扱えばいいのでしょうか?

A いずれも資産公開の対象となります。同棲、すなわち婚姻届の出ていない事実婚も、条例の「配偶者」に含まれます。この規定の趣旨は、公職利用の私腹肥やしを防ぐため、利益の受け皿となる「生活共同体の成員」の資産を公開するところにあるからです。

したがって、扶養していれば下宿先や留学中の子女はもちろん、未成年者をも含みます。また、「同居の親族」は必ずしも家計を一にすることを要しません。たとえ家計は別であっても、住居を共にし生活上の便益を享受しているかぎり、該当します。

実際に、これが問題になった例があります。福岡県筑紫野《ちくしの》市で、父親が所有する土地に棟続きの住居を建て、廊下で往来し、食堂や風呂は父親方のを共用している議員がいたのですが、「同居」には該当しないとして、父親の資産報告書を提出しませんでした。審査会は本人から事情聴取のうえ、右のような見解を示して提出を督促しましたが、これを拒んだため、意見書で同居の親族の資産報告書の不提出を認定しました（一九九五年）。

また、未成年者の資産公開まで不要と思われるかもしれませんが、資産隠しに名義が使われる可能性がある以上、やはり公開の必要があります。実務上、資産がなければ「該当なし」の報告書を一枚出せば済むことで、なんの面倒もありません。

Q28 「たんす預金」、つまり現金は資産報告しなくてよいのですか？

A ゼロ金利どころか、銀行預金に手数料が取られる昨今、「たんす預金」が増えているようです。預貯金の資産報告が条例で義務づけられればなおさら、資産隠しにこの手が使われかねません。そのため、一定額（たとえば一〇〇万円）以上の現金を資産報告事項とする例もあります。

しかし、生活や商売に必要な現金を手元に置くことは蓄財には当たりません。この条例が報告を求めているのは恒産です。また、かりに蓄財を現金のまま持っていたとしても、審査会には警察のような強制捜査権はなく、確かめる術《すべ》がありません。大半の条例の資産報告に「現金」の項目がないのはそのためです。

実際に、保有する現金の報告が問題になったことがあります。堺市の一市議が四一〇〇万円の住宅を一括払いで購入したのですが、カネの出どころが不明でした。預貯金は一〇〇万以下で報告なし。当人は、生活費は親がかりで、議員報酬を現金で蓄えていたと主張しましたが、在職四年間の報酬は計二千数百万円でツジツマが合いません。この〝事件〟をきっかけに、同市は資産報告に「現金」を含めるよう条例を改正しました（二〇〇六年。実際は、実父に住宅を建ててもらったのですが、それなら「贈与」として報告しなければなりません）。奈良市の政治倫理条例（二〇一二年）などは、現金一〇〇万円以上の報告を条例で義務づけています。

このように、資産報告の他の項目と突き合わせることによって、資産形成の実態の把握が容易になるため、一定額以上の現金の保有を報告させるのは一案です。

なお、金の延べ棒（ゴールドプレート）は「動産」として報告されることになっています。田中政権の時代に、金丸信・自民党幹事長が政界再編の資金として巨額の現ナマと金の延べ棒を寝室の床下に隠していたことが露見し、世間を驚かせたことがあります。宝石類とともに、金の保有についても報告すべき旨を注記しておくとよいでしょう。

Q29 資産報告書に「税等の納付状況」の項目がありますが、そこまでする必要があるのでしょうか？

A あります。滞納議員がいるからです。

じつは、当初の条例の資産報告には「税等の納付状況」の項目はありませんでした。これが加えられるきっかけとなったのは、福岡県飯塚《いいづか》市議の「税金滞納事件」です。同市の政治倫理条例（一九八六年）は福岡県内では第一号、その最初の資産報告書を審査会が審査するうちに、三人の議員の税の滞納が判明しました。一人は市税一九〇万円、一人は同一一〇万円、もう一人は市・県・国税合わせて五一二万円。なんと市から報酬を得ている議員たちが総額八〇〇万円を超える税金を滞納していたのです。

政治倫理審査会がこれを問題にし、新聞も大きく報道したため、三人の議員はあわてて滞納分を納めました。しかし、税金滞納議員はまだ他にもいたのです！　市民からの投書で、別の議員が一一三万円の滞納をしていることがわかり、世論の非難が高まりました。さすがに、この議員は居座れず、所属政党から詰め腹を切らされるかたちで、半年後の市議選の出馬を断念しました。

こうしたことがあったため、同市は条例を改正して、資産報告の項目に「税等の納付状況」を加えたのです。その後、多くの条例はこれに倣っていますが、昨今の不況のせいか、議員が悪質なためか、いまもときどき滞納議員が明るみに出ます。

なお、「税等」には、国民健康保険料や水道などの公共料金を含みます。その旨を明記しておくとよいでしょう。

Q30 資産報告書に添付する「必要な証明書」とは、どんなものですか？

A 土地・建物については、登記簿があります。これは、だれでも法務局で閲覧や謄本請求（有料）ができますから、審査会でも調べはつきます。しかし、そのための事務負担が大きいうえ、資産状況の説明責任は本来、報告義務者の側にあります。最初の報告の際に、謄本の写しを一度添付しておけば、あとは変更があったときだけ、改めて報告すれば済むことです。

借地権や貸付・借入金、信託、金銭保証などについては、契約書があるはずです。その写しを添付することになります。株式などの有価証券、ゴルフ会員権には預り証がありますから、その写しを添付します。

預貯金については、金融機関の残高証明書か通帳のコピーを添付します。

収入については、確定申告書や給与・報酬の支払書の写し、税等については、納税証明書や上下水道料金の受領証の写しを添付します。

動産の売買については、契約書があればその写しを添付します。

これら証明書類については、施行規則ないし記載要領で定めておくべきでしょう。ただし、証明書の添付は資産報告書の真実性を裏付け、審査会の審査を容易にするためであって、第三者の個人情報も含まれていますから、閲覧の対象とはしません。

Q31　資産報告書は必ず提出されていますか。もし提出されなかった場合は、どうすればよいのですか？

A　まれに提出されないことがあります。期限を過ぎても提出されないときは督促しますが、それでも提出しない議員がいます。「わしはもともと、こんな条例には反対じゃった」「資産公開は私が議員になる前に決めたこと。相談された覚えはない」「報告をごまかしている者もいる。不公平だ」などとリクツにならぬリクツを並べ立てて。

このような場合、政治倫理審査会は資産報告書の提出拒否とみなし、意見書に条例違反（資産報告書の不提出）を明記し、公表するとともに、違反者に対し必要な措置を勧告すべきです。勧告は、首長等の場合には首長に、議員の場合には議長に対して行います。首長・議会はこの勧告を尊重して、懲戒処分や懲罰処分を行います。

福岡県嘉麻《かま》市の一市議は、「資産報告には抜け道がある。出しても仕方がない」などとして、再三の督促にもかかわらず、報告書の提出を二年にわたって拒みました。これに対し審査会は、「条例は不提出を想定しておらず、これでは資産公開制度は根底から揺らぎかねない。条例を改正して、罰則規定を設けるべきではないか」と意見書で指摘しました（二〇一六年）。

しかし、政治倫理条例は取締法ではありませんから、罰則はなじみません。その代わり、審査会は条例違反を公表し、違反者に対して取るべき措置を勧告することができます。議会は、審査会の勧告を尊重して懲罰処分（警告、陳謝、出席停止、除名）など、議会の自律権を行使して違反者に適切な措置をとることになります。もし議会がなんらの措置も取らなければ、世論の批判を浴びるでしょう。このように、資産報告の実効性は罰則ではなく、社会的・政治的制裁によって担保されているのです。

ところが、右の件では、審査会は意見書に不提出の件数を記載しただけで、不提出者の氏名さえ明らかにせず、必要な措置の勧告もしませんでした。これは審査会の職務怠慢です。

他方、こんな事例もあります。同県糸田町《いとだまち》で、五人の町議が資産報告書を提出しませんでした。審査会は提出を督促するとともに、応じなければ呼び出して事情聴取することを決めましたが、マスコミがこれを大きく報道したため、五人の町議はあわてて報告書を提出しました（一九九八年）。このように、審査会が資産報告書の不提出を名指しで公表し、条例違反を厳しく追及すれば、報告書の提出拒否をなくすことができるでしょう。

Q32　資産公開は実効性があるのでしょうか？

A　それは、まっとうな資産公開制度、政治倫理審査会の厳正な審査、住民の調査請求権の行使にかかっています。

まっとうな資産公開制度とは、抜け穴のない資産公開のことです。すなわち、①資産報告の網の目が細かいこと、②配偶者、扶養・同居の親族の資産も報告すること、③報告書には証明書を添付すること、④資産報告書は毎年提出し、審査会の審査を受けること、⑤審査会は、虚偽報告や調査非協力、報告書の不提出など条例違反があったときは、その旨を意見書に記載し、公表すること、⑥審査会は、条例違反に対し、必要な措置を勧告すること、⑦資産報告書の疑義等について、住民は審査会に調査請求ができることです。このどれかを欠けば、資産公開はザル法になります。

審査会は、資産報告書に疑義があれば、本人や関係者から事情を聴取し、公務所に照会するなど調査権をもっています。この調査権は警察や税務署のような強制力を欠くとはいえ、対象者には調査協力義務があり、調査を拒んだときは、その旨を意見書に記載・公表するとともに、必要な措置を勧告します。審査会がこうした「お目付け役」の職務を誠実かつ厳正に果たすことによって、資産公開制度の実効性が担保されているわけです。

実際、多くの自治体で長年、審査会長を務めた筆者の経験からしても、審査会の審査によって、資産報告書の記載漏れや齟齬《そご》が明らかになることはしばしばです。審議は公開ですから、当人の説明や委員間の議論も傍聴者や記者の知るところとなり、報道もされます。それがきっかけで、情報提供が得られることもまれではありません。

審査会には専門委員が入っていて、経理のスペシャリストである公認会計士や税理士が資産報告の数字のチェックに力を発揮します。法律問題に関しては、学者や弁護士の専門知識が不可欠です。そして、住民委員が社会常識を審査会の判断に反映させます。こうした審査会のチェック機能は、相当に確かなものといえます。

しかし審査会は、住民の調査請求がなければ作動しません。審査会は裁判所と同様に受け身であって、町内を不断に巡回して犯罪を取り締まってくれる警察官とは違います。審査会も、調査請求も住民統制の手段であって、住民がイニシアチブをとってこそこの条例は実効性をもつのです。

資産公開がザル法だというのは、ずさんな条例をずさんに運用しているからです。条例できちんとした資産公開制度を定め、これをきちんと運用すれば、資産公開の実効性は確実にあります。

Q33　政治倫理審査会を議会に置いている条例もありますが、それではいけませんか？

A　それは議員だけが対象の政治倫理条例の場合ですが、よくありません。

議員のみの政治倫理条例だと、議員のみで組織された審査会が議会に設置されることになります。これは地方自治法上、議会の特別委員会（第一〇九条一項）であって、議員しか委員になれません。つまり、審査の対象となる者も、審査する者も、審査を請求する者も、いずれも議員なのです。これでは、公正な審判などどうていい期待できるはずがなく、審査会が議会の政争の具に供されるおそれさえあります。

実際、こんな事件がありました。広島県府中《ふちゅう》市で、請負辞退に違反した一市議が、審査会の設置に賛成した議員や審査会長の議員らを名指しで、審査を取り止めねば裁判に訴えるとの警告書を代理人の弁護士に書かせ、議会に送りつけました。「審査会はおれを陥れようとしている」として。このような紛糾が生じたのも、同市の政治倫理条例が議員のみを対象とし、審査会は議員だけで組織し、しかも議員七分の一の申立てによる随時設置だったからです。じつは、これが発端で条例の違属訴訟にまで発展しました（二〇〇九年。Q11参照）が、同市議は訴訟係属中に辞職、市長選に立候補して、落選しました。

議会の委員会は——常任委員会であれ、特別委員会であれ、議会運営委員会であれ——本会議の円滑な議事運営のために予備的な審議を行う「議会の内部組織」です。これに対して政治倫理審査会は、議員・首長等の条例違反の有無を判定する、準司法機能をもつ審決機関です。だから、審判の対象となりうる議員や執行幹部が審査会委員になれないことは、中学生にもわかる道理でしょう。

この種の審決機関は地方自治法上、「執行機関の附属機関」、平たくいえば首長の諮問機関として設置するほかありません（第一三八条の四第三項）。だからこそ、政治倫理条例は首長等・議員をともに適用対象とし、審査会を公正な第三者機関として首長のもとに設置する必要があります。

Q34 議員だけの政治倫理審査会が公正を欠くなら、有識者や住民を委員に入れればよいではありませんか？

A それは地方自治法違反になります。議会に設けた政治倫理審査会は自治法上、議会の特別委員会なので、議員以外の者は委員になれないからです。

長崎県は二〇〇三年、議長の政治資金規正法違反事件（有罪・失職）がきっかけで、議員のみの政治倫理条例を制定しました。同条例は、議会運営委員会を審査会に当て、委員を議員六人、有識者四人とするとともに、審査の申立ては県民五〇分の一以上の連署か、議員四人以上の申立てで、二会派にわたることを要件としています。しかも、審査委員会の勧告は、出席委員の合意がなければできません（第五条）。これは立法の誤りです。

そもそも、議会運営委員会に住民が委員として入ることは、地方自治法違反です。議運であれ、特別委であれ、常任委であれ、これらは議会運営を円滑にするための議会の内部組織であって、議員しか委員になれません。こんなことは地方自治法のイロハです。

自治法が有識者や利害関係人、一般住民の意見を徴する方法として認めているのは、議会の委員会が公聴公を開いて公述人に意見を述べさせるか、参考人として招き見解を聴取するかに限られます（第一一五条の二）。それは議会が審議の参考とするためであって、参考人や公述人が審議に参加するわけではありません。

何度もいうように、そもそも議員の条例違反の審査を議会の委員会のお手盛りでやろうということ自体が間違いで、議員以外の者を委員に加えるのは公正らしさを〝偽装〟するパフォーマンスにすぎません。これは、審査会が公正な第三者機関であり、住民統制の制度化であることをまったく理解していない証左です。

ところが、もっとひどい実例があります。福岡県飯塚《いいづか》市の政治倫理条例は市長等・議員を適用対象とし、審査会を市長のもとに置いていますが、このほど条例を改正して（二〇一五年）、有識者・市民・議員で組織される審査会から市民を排除し、委員を有識者（四人以内）と議員（二人以内）としました（第六条第二項）。しかも、審査会が議員の条例違反を認定し、辞職・出席停止などの勧告をするときは、委員三分の二以上の出席で、その四分の三以上の賛成を要すると定めています（第七条第四項）。これでは、議員委員の二人が反対すれば、審査会は勧告ができません。こんな小細工を弄してまで、議員は審査会の勧告を阻みたいのでしょう。

ちなみに、この特別多数決は議会が議員を除名するときの議決要件ですが、審査会の勧告は法的拘束力をもちません。勧告を受けて、除名・出席停止などの懲罰処分を行うのは議会です。その自らの権限と責任を棚に上げて、審査会を骨抜きにしようとはとんでもない筋違いで、そもそも審査会に議員が入ることの非がまったくわかっていません。

驚くべきことは、まだあります。同改正条例は、審査会の意見書に対して、当該者は反論の「意見書」を提出することができ、これを公表しなければならないと定めています（第一三条）。つまり、審査会の条例違反の結論は間違っているかもしれない、と世間に思わせたいのでしょう。まるで裁判所の有罪判決に対して犯人の反論を認めるようなもので、その非常識ぶりには開いた口がふさがりません。

Q35 政治倫理審査会の職務権限は条例によって違うようですが、どう定めればよいのですか？

A 審査会の職務権限は①住民の調査請求を受けて審査会を開催し、②案件を調査・審査して条例違反の有無を認定し、③違反者に対して必要な措置を勧告するとともに、④政治倫理の確立につき建議することです。そのいずれを欠いてもなりません。審査会は政治倫理の〝目付け役〟の役割を果たせず、床の間の置き物に過ぎなくなります。

ここで留意しなければならないのは、住民の調査請求事由と審査会の審査事項を一致させることです。審査会は、毎年の資産報告書の審査は別として、住民が調査請求した事案について審査するにとどまるため、調査請求ができない問題については審査会にかからず、条例違反は〝野放し〟になるからです。実際、故意か過失か、このよう条例が少なからずありますので、注意が肝要です。

Q 36 審査会は、政治倫理条例に違反する疑いがあれば、住民の調査請求がなくても、自発的に調査を行うことができませんか？

A できません。審査会は首長の諮問機関ですから、建議は別として、首長の諮問なしに個別の案件を取り上げ、自発的に調査・審査を行うことはできません。もしそれを認めれば、審査会は政争に巻き込まれ、中立・公平を損なうおそれがあるからです。

審査会は審決機関です。だから、訴えがあって裁判が開かれるように、住民の調査請求があったとき、首長の諮問を受けて、審査会は調査・審査を開始します（毎年の資産報告書の審査は別）。審査会はアンパイア（審判員）であって、プレーヤー（競技者）であってはなりません。審判員が競技者をえこひいきしていると思われるようでは、審判員は務まらないからです。

まれに、審査会の自発的調査を認める例がありますが、それはよくありません。

Q37　審査会を非公開としている例もありますが、公開しなければならないのですか？

A　審査会の審議は、公開を原則とすべきです。審査会は住民監視のための機関であり、住民はその審議を知る必要があるからです。もしこれを非公開とすれば、審査会はブラックボックスと化し、その公正さに対する住民の信頼は失われてしまいます。裁判の公開と同じです。だから、審査会の審議の公開は条例で定めておく必要があります。

もっとも、審議の過程で第三者のプライバシーにかかわる事柄が取り上げられるときなどは、委員（定数）の三分の二以上の同意により、その審議に限って非公開にすることができます。

まれに審査会を非公開としている条例がありますが、密室の不正をただす審査会自身が〝密室〟ではシャレにもなりません。「公開では自由な論議ができない」「議員のプライバシーが侵される」といった口実で非公開とするのは、圧政時代の〝暗黒裁判〟にも等しいことです。

また、公開はしても、傍聴規制を設ける条例があります。某市で、審査を受けた議員の支援者たちが傍聴席からヤジをとばすなど、審議を妨害する事態が起きました。こうした懸念から、審査会に議会傍聴規則の準用を明記する例も見られます。しかし、そのような規定がなくても、一般に会議場の秩序維持は議長の権限ですから、審査会長が妨害行為を制止し、退場を命じることもできます。準用規定は無用でしょう。

Q38 住民の調査請求は一人でもできるのですか。やはり、一定数の連署を要件とすべきではありませんか？

A 住民の調査請求は一人でも可能とすべきです。この調査請求は、政治倫理条例に違反する首長等・議員の政治活動の有無について住民の「知る権利」を保障したもので、その点は、情報公開条例による情報の開示請求が一人でもできるのと同じです。また、この調査請求は、公職者の不正をただす点で、住民監査請求に類するものともいえます。住民監査請求が一人でも可能なのは、ご存じのとおりです。

逆にいえば、住民の調査請求に一定数の連署を必要とする法的根拠はありません。たとえば、首長等・議員のリコール（解職請求）は一定数の連署を要件としていますが、これは国民固有の「公務員の選定・罷免権」（憲法第一五条第一項）に基づき公職者の罷免を求めるものなので、住民の総意を確かめる必要があるからです。しかし、住民の調査請求は解職請求とは異なり、公職者の身分を奪うものではなく、住民意思の多寡に左右されるべきことでもありません。

「知る権利」は、住民の一人ひとりがもっているのです。もちろん、単なる言いがかりのような調査請求を排除する必要はありますが、そのために、請求には疎明資料の添付を義務づけています。請求の濫用防止はこれで十分であって、それ以上の要件を課すことは調査請求をいたずらに困難にし、実際上も好ましくありません。

条例のなかには、住民の一定数の連署を調査請求の要件としている例がありますが、これは右の法理を解さないものです。

Q39　議員も「住民」ですから、調査請求ができるのではありませんか？

A　議員に調査請求権はありません。

この条例は、目的規定で、地方政治が住民の「信託」によるものであり、首長等・議員はその「受託者」として、住民の信頼に応えるべき旨を定めています。政治倫理を確立すべきなのはこれら公職者です。だから、その違反を調査請求できるのは、地方政治の「信託者」たる住民であって「受託者」たる議員ではありません。それは、条例の立法目的・構造から明らかです。

議員には議員の権限と責任があります。議員は自ら疑惑の実態を調査し、議会で質問し、百条委員会を設置するなどして条例違反の責任を追及することができます。ところが実際には、議会はその責任を果たさず、真相が闇に葬られることも少なくありません。だからこそ、主権者・住民が調査請求権をもつ必要があるのです。

Q 40 住民の調査請求事由に資産報告書の疑義、政治倫理規準や請負辞退・指定禁止の違反のほかに、「その他この条例に違反する疑いがあるとき」とありますが、それはどのような場合ですか?

A たとえば、資産報告書を提出しなかったり、審査会の調査に協力しなかったような場合です。また、首長が自身にかかる調査請求事案を審査会に諮問しなかったり、議長が議員にかかる調査請求書を首長に送付しなかった場合なども、これに含まれます。

資産報告書の不提出は今もときどきありますが(Q31参照)、こんな事例もあります。

佐賀県唐津《からつ》市の市長が補助金交付団体から政党支部を介して政治献金を受けていた事案で審査会が開かれ、市長に出席・説明を求めたところ、市長は「捜査への影響」を理由に出席を拒否しました（二〇一六年）。同市は前年、政治倫理条例を制定して、政治的・道義的批判のある企業献金の収受を禁じるとともに、調査対象者は審査会の求めがあれば「出席して意見を述べなければならない」（第六条）と定めているにもかかわらず、市長が提案・成立させたばかりの条例の違反第一号に、市長自身がなったのですから、これはもうマンガです。

さすがに議会やマスコミ報道、世論の非難を浴びて、市長は翻意。審査会に出席・釈明しましたが、審査会は迂回献金を条例違反と認定しました。そのため、市長は二カ月分の給与を五〇％カット、四カ月後の市長選の立候補断念の意向を表明しました。

また山口県周南《しゅうなん》市では、市長自身が調査対象となった事案を、選挙が近いとの理由で審査会に付議しませんでした（二〇一三年）。これは〝想定外〟の珍事です。そのため、市長にかかる調査請求は代表監査委員に対して行うと条例を改正しましたが、地方自治法違反のおそれを指摘され、是正しました。

こうしたあからさまな条例違反を不問に付することは許されません。これらを審査会の審査事項に含めるとともに、住民の調査請求事由とする必要があります。「その他この条例に違反する疑いがあるとき」とあるのは、そのためです。

Q41 問責制度の問責事由は、条例によってまちまちのようですが、どのように定めればよいのでしょうか？

A 問責事由（説明会の開催請求の理由）の定め方については、二つの考え方があります。ひとつは、政治倫理条例が公職の悪用を禁ずる立法趣旨から職務関連犯罪とする方法と、もうひとつは、職務関連の有無を問わず、刑事事件を引き起こすのは住民の代表者としてあるまじき行為だから、すべての刑事犯罪とする方法です。どちらにも一理ありますが、政治倫理規準には、首長等・議員は「住民全体の代表者として品位と名誉を損なうような一切の行為を慎み」とありますから、後者を採るのがよいでしょう。

「職務関連犯罪」とは、収賄や職権乱用など公務員犯罪（身分犯）に限らず、職権や地位を利用した詐欺、横領、強制わいせつなどを含みます。公職の悪用を禁ずるこの条例の趣旨からも、地位利用の犯罪が問責事由となるのは当然です。

しかし、政治倫理条例の目的は、公職の不適格者を排除することです。職務に関連がなくても、刑事事件を起こすような議員や首長が住民の代表者であっては困ります。ところが、窃盗や傷害、恐喝、賭博、覚醒剤の使用などで警察の厄介になる議員が実際にいるのです。

ちなみに、国家公務員倫理法には「職員は、勤務時間外においても、自らの行動が公務の信用に影響を与えることを常に認識して行動しなければならない」とあります（第一条第五号）。また、地方公務員法は「職員は、その職の信用を傷つけ、又は職員の職全体の不名誉となるような行為をしてはならない」と定め（第三三条）、信用失墜行為を懲戒事由としています。一般職なら刑事事件の起訴で休職、有罪判決で免職になるのが通例です。なのに特別職の首長等や議員は、地方公務員法の適用がないため、刑事事件で逮捕・起訴されてもその地位に居座ることは許されません。このように考えれば、問責事由はやはり刑事犯一般とすべきでしょう。

Q42　説明会は逮捕、起訴、一審有罪判決後のどの時点で開くべきですか？

A　刑事責任の追及は司直の手に委ねられますが、ここで問われているのは政治的・道義的責任です。刑事事件をひき起こし、逮捕・起訴されてもなお公職に居座りつづければ、公務に支障をきたすばかりか、住民にとっても不名誉なことです。だから、説明会はなるべく早く開く必要があります。逮捕後が望ましく、せめて起訴後に開くべきでしょう。一審有罪判決後では遅すぎます。

ただ、実際上、取調べで身柄が勾留中は開催できず、また裁判への影響を懸念して、当人からの開催の申し出はまれでしょう。しかし、身の潔白を訴えたい被疑者にとっては、説明会の早期開催が望ましいはずです。そこで、逮捕後の説明会は、被疑者の申し出による開催を原則とし、開かれないときには住民が開催請求をすることができる、と定めています。もし逮捕後に説明会が開かれなかったときは、住民は起訴後に説明会の開催を請求することができます。

Q 43 説明会の開催請求に必要な連署の数は、どれくらいが適当でしょうか?

A 自治体の規模にもよりますが、五〇人から一〇〇人といったところでしょう。少なすぎれば説明会が恣意的に利用されかねず、多すぎれば説明会の開催が困難になります。しかも、署名の期間はきわめて限られています。したがって、署名数を有権者の何十分の一と定めることは実際上、開催をいちじるしく困難にするため、避けるべきでしょう。

ちなみに、人口一六〇万の福岡市の場合でも、署名数は五〇人以上です。

Q44 説明会は政治倫理審査会が主宰するとしていますが、議員については議会が、首長等については首長が開催しても構いませんか？

A 違法ではありませんが、好ましくないでしょう。もし被疑者・被告人が首長自身や議長だった場合、開催請求があっても説明会を開かず、故意に延引する懸念があります。それでなくても、首長や議長が説明会を主宰すれば、説明会が首長派・反首長派、議長派・反議長派、問責議員派対反問責議員派の政争の具になるおそれがあるからです。

説明会は、適法な住民の開催請求があれば必ず開かれねばなりません。しかも、開催までに日数の余裕はなく、延引は許されません。開催要件の充足を確認し、説明会を開き、その中立・公正な運営を図るのは、やはり審査会の任務とすべきでしょう。審査会が説明会を「主宰する」と定めているのはそのためです。

本来、説明会は住民統制の手段であって、首長や議会が関与すべきものではありません。刑事犯で逮捕・起訴された首長等・議員は、自ら進退を決すべきですが、必要とあれば首長は容疑の副首長等を解任し、議会は議員を除名することもできます。説明会は、そうした自浄作用が働かないときに、住民の請求により開かれるものです。したがって、首長の諮問機関たる審査会の開催は首長が命じても、その運用を「主宰」するのは、独立の第三者機関たる審査会が望ましいでしょう。

Q45 有罪判決が確定した議員は「辞職手続をとるものとする」と定めた条例もありますが、これは法律に抵触しませんか。

A 選挙で選ばれた議員は身分が保障されていますから、議会の除名処分、リコール（解職請求）、議会解散請求、地方自治法や公職選挙法の定めで失職する場合のほかは、本人の意に反して議員の身分を奪われることはありません。たとえ政治倫理条例で、有罪が確定した議員は「辞職するものとする」と定めたとしても、それは強制力のない訓示規定にとどまり、議会の懲罰権を制約するものではないため、法律に抵触しないと解されます。

また、条例のなかには、有罪確定議員は「当該自治体の次の選挙に立候補しないよう努めなければならない」と定めるものもあります。ちなみに、公選法は、禁錮一〇年以上の刑に処せられ執行が終わるまでの者、収賄罪やあっせん利得罪により刑に処せられ、刑の執行後五年を経ない者などの被選挙資格を認めていません（第一一条）。条例でこの欠格事由を拡大することは許されませんが、立候補辞退が努力規定であるかぎり、公選法に抵触するものではないと解されます。もっとも、政治倫理条例は在職者にしか適用されませんから、元来はなくもがなの規定ではありますが。

立候補の辞退規定には、いきさつがあります。一審有罪判決を受けた議員が控訴せず、判決を確定させて辞職し、公民権の停止期間が過ぎて再び立候補、議員に返り咲いたのです。とんでもないことですが、これは有権者の政治意識こそ問われるべきで、法規制でこうした事態を防止することはできません。

Q46　実際に説明会が開かれた例はありますか？

A　あります。佐賀市のことですが、飲酒運転で当て逃げの人身事故を起こした議員（略式命令で一〇万円の罰金）について、説明会が開かれました（一九九六年）。ちなみに、同市の条例は、説明会の開催請求の要件を有権者七〇分の一以上または議員定数の三分の一以上の連署と定めています。事件の発覚後、市議会は全会一致で議員辞職勧告を決議しましたが、拒否されたため、議員一九人（定数三五）の連署で説明会の開催が請求され、開かれるにいたったものです。

説明会は、市民会館で約二五〇〇人の市民が参加して行われ、辞職を求める厳しい意見が相次ぎました。しかし、問題の議員は「反省はするが、辞職はしない」「辞職が責任をとることとは思わない」「倫理観の押し付けだ」「自分には支持者の激励がある」などとして居座りつづけました。市民はリコールも検討しましたが、その間に議員は病死し、事件は幕を閉じたのでした。

また、福岡市議会の副議長があっせん収賄容疑で逮捕されたときのこと(二〇〇一年)。同市条例は、贈収賄罪容疑で起訴されたときは五〇人以上の連署で説明会の開催を請求することができる、と定めています。市民は説明会の開催請求の署名を集めていましたが、件《くだん》の副議長は起訴と同時に辞職したため、説明会は開かれずに終わりました。このように説明会が実際に開かれなくても、問責制度には刑事訴追を受けた議員を排除する一定の効果があるといえるでしょう。

Q47 私の市では、議会基本条例で政治倫理の確立を定めています。政治倫理条例は必要ないと思いますが……。

A　議会基本条例は「議会改革」の基本方針を定めた条例です。その中で政治倫理規定を置く例は少なくありません。たとえば、相模原市議会基本条例は「議員は、市民の負託により、市政に携わる権能及び職責を有することを深く自覚し、政治倫理を常に保持するものとします」と定めています（第六条）。

しかし、これは〝作文〟です。ただの気休めで、なんの実効性もありません。たった一カ条の、こんな抽象的な白粛規定で、政治倫理が確立されると本気で思っておられるのでしょうか。

政治倫理の確立には、議員の職責に反する具体的行為を禁止し、違反には制裁を科する仕組みが必要です。だから、議会基本条例とは別に、政治倫理条例が制定されなければなりません。札幌市など、議会基本条例に倫理規定があっても、政治倫理条例を制定している例は少なからずあります。京都市は議会基本条例に、政治倫理に関しては政治倫理条例の定めるところによる、との規定を置いています（第六条）。また、堺市は早くから政治倫理条例があるため、議会基本条例には倫理規定がありません。

「議会改革」が本気なら、なによりもまず政治倫理条例を制定するとともに、議員活動に関する情報公開の徹底を図るべきでしょう。

Q48 政治倫理条例が制定されたら、首長の資産公開条例は廃止になるのですか?

A 首長等・議員を適用対象とする政治倫理条例を制定し、資産公開を定めていれば、現行の首長の資産公開条例は廃止されます。政治倫理条例の施行により首長の資産公開条例を廃止する旨の附則を置けばよいのです。

しかし、議員だけの政治倫理条例を制定した場合は、首長の資産公開条例は存続します。

Q49 昨今、市長村合併が急速に進んでいますが、合併すると政治倫理条例はどうなりますか?

A 対等合併(新設合併)なら旧市町村の条例はすべて廃止され、新たに条例を制定しなければなりません。これに対して吸収合併(編入合併)の場合は、吸収(編入)した市町村の条例が有効に存続します。

その際、気をつけたいのは、政治倫理条例がなくなったのをこれ幸いと条例を制定し直さなかったり、制定しても旧市町村の最も厳しくない旧条例を踏襲しがちなことです。しかし他方、合併をきっかけに、よりよい条例が制定されたところもあります。これに倣いたいものです。

Q50　一部事務組合でも不祥事が多発していますが、これについてはどうすればよいのでしょうか？

A　一部事務組合は、複数の自治体がその事務の一部を共同で処理するために設けた組合で、地方自治法上の「特別地方公共団体」です（第二八四条第一項。広域連合も同じ）。一部事務組合には議決機関として議会、執行機関として管理者が置かれます。一部事務組合の議員は構成自治体の議員から、管理者は構成自治体の首長から選ばれます。しかし、一部事務組合はこれを構成する自治体とは別個の法人格をもつ地方公共団体ですから、独自に政治倫理条例を制定する必要があります。

一部事務組合は、上・下水道、ごみ・し尿処理、火葬場、消防・救援などに関して数多くあり、事務・事業に利権が絡みやすいうえ、寄り合い所帯のせいで運営がずさんになりがちです。そのため、市町村・都道府県よりも不正・腐敗が起きやすく、しかも大型になりがちです。議員のなかには「ケチな市町村議員より、一部事務組合の議員になるほうが、〝うまみ〟がある」と平然とうそぶく者さえいます。それだけに、政治倫理条例の必要性は、むしろ一部事務組合で高いといえます。もし構成自治体に政治倫理条例があれば、これに倣った条例をつくりやすいでしょう。

先鞭をとったのは、福岡県の嘉穂《かほ》南部衛生施設組合（ごみ焼却施設の建設・運用）でした。請負をめぐる疑惑で組合長の自殺を招いた事件をきっかけに、一部事務組合では初の政治倫理条例と情報公開条例を制定しました（二〇〇〇年）。組合加入の市に条例があったことも幸いでした。

しかし現実には、一部事務組合は寄り合い所帯ゆえに、政治倫理条例の制定は容易なことではありません。むしろ、情報公開条例の制定を先行させるほうが賢明でしょう。一部事務組合の情報公開条例は少なくありません。これによっても、それなりに不正・腐敗の防止効果が期待できるからです。

Q51 私の住んでいるまちでは目に余る利権政治が横行しています。政治倫理条例がぜひ必要だと思うのですが、どうすればいいでしょうか？

A　政治倫理条例が制定されるパターンはおよそ三つあります。①首長主導型、②議会主導型、③住民主導型です。

①首長主導型は、首長が汚職事件で辞職し、再発防止策として条例制定を公約に掲げた首長が誕生したような場合に多いパターンです。この場合、首長のもとに有識者の審議会を設け、その答申を得て、執行部が議会に提案するのが通例です。しかし、首長が独走すると議会が反発して条例案が否決されるおそれがあるため、執行部はあらかじめ議会の意向を汲み、妥協せざるをえない面もあります。

これは「上からの改革」による〝お仕着せ条例〟なので住民の関心は低く、空文化しがちです。条例を提案した首長自身が違反第一号になった例さえあります。

②議会主導型は、たいていが議員の不祥事がきっかけですが、条例制定にいたるかどうかは良識派の議員の多寡にかかっています。しかも、これは議員提案ですから、条例ができたとしても議員だけの条例で、きわめてずさんなものになりがちです。また、いったん制定したものの、施行してみれば「厳しすぎるから」と改正したり、廃止するところもあります。

③まともな政治倫理条例をつくり守らせるには、やはり住民主導によるしかありません。条例制定の住民運動を起こすことです。けれども、立法権は議会にあり、議員がつくりたくない条例はつくりません。よほどの〝外圧〟がないかぎり、議員活動を〝縛る〟ような条例

はつくりたくないのが議員のホンネです。私たちは、「議員が嫌がる条例を議会に制定させようとしているのだ」ということを肝に銘じておく必要があります。

もともと市民立法は、相手のホームグラウンドでの勝負ですから、それなりの戦略・戦術が要ります。その要点は、(イ)市民が条例案をつくり、制定を請願すること、(ロ)条例制定の世論を喚起すること、(ハ)多様な議会への働きかけを行うこと、(ニ)勝負のタイミングを逸しないこと、(ホ)運動は党派的であってはならないことです。以下、実例を紹介しておきましょう。

(イ)政治倫理条例を制定してほしいと陳情・請願するだけでは駄目です。「はい、それまでよ」と不採択になるか、たとえ採択され条例ができたとしても、いい加減なザル法でお茶を濁されるのが落ちだからです。必ず条例案を添えて、制定の請願をする必要があります。そのためには、法律家の協力を得て、住民自身が政治倫理条例について学習し、条例の市民案をつくらねばなりません。

福岡県飯塚《いいづか》市では四〇年近く前、市民グループが政治倫理条例の生みの親である堺市の長谷川俊英市議や筆者を呼び、毎週のように勉強会を開きました。そして、市民条例案をつくり、ねばり強い請願運動の結果、県内初の条例を誕生させました(一九八六年)。

(ロ)住民主導の条例制定にとって最大の味方は、世論です。世論で議会を包囲するしかありません。〝城攻め〟の要領です。

とはいえ、条例など小難しく、暮らしの利害に直結しない問題では住民運動は広がりにくいものです。運動を通して、条例制定の世論づくりをする必要があります。そのためには、住民集会や署名活動、ビラ配りなどのアクションを起こして、これをマスコミに報じてもらわねばなりません。非力な住民運動にとって、マスコミ報道の果たす役割は重要です。

福岡県の芦屋町《あしやまち》で条例制定の住民運動が起きたとき、新聞社が主催して議員・住民・有識者のシンポジウムを開き、これを見開き二面に特集したことがあります。賛否の議員発言が逐一報じられ、大きな反響を呼びました。また、別の新聞は独自取材で、全議員の賛否とその理由を一覧表にして、採決の直前に報じました。これが効いたのか、数人いた反対派は〝転向〟し、条例は全会一致で成立しました（一九九三年）。

（ハ）市民立法運動の決定打はむろん、議会に対する働きかけです。請願を出しっ放しにせず、追い討ちをかけることです。個々の議員への説得、議員との懇談会、市民と議員の公開討論会、議員への公開アンケートなど、打つ手はいろいろあります。そして、議会の条例制定の合意をとりつけ、条例検討の特別委員会を設置させねばなりません。そのうえで、議会側の案と請願した市民案のどちらがよいかを議員対市民の公開討論会で徹底的に議論するのです。要は条例審議を議会内の駆け引きに終わらせず、市民の前に引き出し、市民参加で〝審議〟すること――これが市民立法の市民立法たるゆえんです。〝ガス抜き〟にすぎないパブリックコメントや模擬議会にすぎぬ「市民議会」などとはわけが違います。

福岡市は一九九八年、政令市初の本格的な政治倫理条例を制定しました。きっかけは「パーティー券事件」でした。自民党市議団が資金集めのパーティーを開催。一枚二万円のパーティー券二一九一枚を実売し、四三八二万円の収入を得ましたが、うち一〇〇枚の配布を長老議員が市の交通事業管理者に依頼、管理者は、当時建設中だった市営地下鉄工事の受注企業に受注額に応じて購入させていたことが発覚しました。警察の厳しい取調べを受けた管理者は自殺し、配券を依頼した議員（辞職）と市議団長は政治資金規正法違反で起訴・有罪になった事件です。

市民は怒り、市政刷新の世論が高まりました。政治倫理・九州ネットワークなど六市民団体は糾合して、政治倫理条例の制定を条例案付きで請願しました。対応を迫られた市議会は、条例制定調査特別委員会を設置し、まず七会派ごとに条例案を作成し、これを会派間で調整して三案に絞り込みました。が、最大会派の案は箸にも棒にもかからぬザル法でした。

市民団体は早速、会派案を採点し、不備を指摘するとともに、議員を招いて「市民公聴会」を開きました。そして、会派への修正申し入れ、議員と市民の公開討論会、街頭アンケート、ビラまき、議員や市長選候補者への公開質問状などの活動をくり広げました。一方、議会は、参考人の意見聴取を二日間にわたって行い、会派推薦の参考人だけではなく、抽選で参加者の発言を認める異例の措置をとりました。

この間に、市長も条例の対象となることを確約し、議会は難航のすえ三案を一本化しました。年内に市長選、翌年に市議選を控え、条例制定が急がれたからです。会派案の調整がもっとも困難だったのは配偶者・扶養の親族の資産公開でしたが、本人のみに固執していた保守会派も最後には折れました。このほか、普通預貯金の報告、親族企業の請負規制、議員抜きの審査会の常設を盛り込むなど大幅に野党案に譲歩した結果、市民案に近いものになりました。こうして請願からほぼ一年、議員と市長の二本立ての政治倫理条例がようやく議会で可決・成立したのです。

「始めは柿のたねでいい。枝葉は後から生える」と言っていた一市議が、つぶやきました。「柿のたねがムカデでなった！」。そして三カ月後、市長選で現職は落選しました。

（ニ）勝負にはタイミングがあります。外堀を埋め、内堀を埋め立て、いざ本丸に攻め入るには機を見ることが肝心です。

実際、条例の多くは選挙の直前に制定されています。そうしたタイミングを見計らって、議員アンケートや市民集会、署名活動やチラシの配布をするのも効果的でしょう（ただし、選挙の告示後は公選法違反のおそれがあるので要注意）。

議員が怖いのは選挙です。「猿は木から落ちても猿だが、議員は選挙に落ちたらタダの人」。だから、条例制定の〝踏み絵〟を踏ませるのです。

（ホ）条例制定運動は党派的と見られることがあってはなりません。政治倫理の確立は党派を超えた、住民の代表者としての責務だからです。私たちは党派的抗争の局外に立ち、住民運動の筋を通さねばなりません。

　首長の後釜ねらいや議員選への出馬といった政治的思惑で住民運動を利用しようとする人たちもいますから、これと一線を画す必要があります。

　住民運動は従来、個別の行政要求に終始し、立法運動の経験がほとんどありません。政治倫理条例は自治体の自主立法です。なのに、法制課のない自治体も多く、議会は立法能力をいちじるしく欠いています。だからこそ市民立法運動は、行政に詳しい法律家、洞察力と人望のある市民運動のリーダー、良識派の議員との緊密な連携が不可欠です。

　市民立法運動を成功させるには、天の利、地の利、人の利を得ることです。天の利とはチャンスです。地の利とは議会政治の現状です。人の利とは運動のリーダーに人を得ることです。この三拍子がそろって成功のめどが立ちます。

　チャンスはつくれるものではありません。与えられるものです。だから、チャンスを逸してはなりません。

　地の利も早急には変えられません。市民運動で、議員や首長の考えをじわじわと変えることしかできません。戦闘の前に、戦場における彼我の勢力の配置を確かめておく必要があります。

　そして、人の利です。運動のリーダーとして人望があり、有能な人材が必要です。資産報告を審査する経理の専門家、立法技術をもつ法律専門家も不可欠です。マンパワーの発揮しどころは、ここです。その意味で、市民立法運動は、主権者としてわたしたち市民の力量が試されているといえるでしょう。

《資料》モデル条例

○○市政治倫理条例

（目的）

第一条　この条例は、市政が市民の厳粛な信託によるものであることにかんがみ、その受託者たる市長、副市長、教育長（以下「市長等」という。）及び市議会の議員（以下「議員」という。）が、市民全体の奉仕者として人格と倫理の向上に努め、いやしくもその権限又は地位の影響力を不正に行使して自己又は特定の者の利益を図ることのないよう必要な措置を講ずることにより、市政に対する市民の信頼に応えるとともに、市民が市政に対する正しい認識と自覚を持ち、もって公正で開かれた民主的な市政の発展に寄与することを目的とする。

（市長等、議員及び市民の責務）

第二条　市長等及び議員は、市民の信頼に値する倫理性を自覚し、市民に対し自らすすんでその高潔性を明らかにしなければならない。

2　市民は、主権者として市政に参加し、公共の利益を実現する自覚を持ち、市長等及び議員に対し、その権限又は地位の影響力を不正に行使させるような働きかけをしてはならない。

（政治倫理規準）

第三条　市長等及び議員は、次に掲げる政治倫理規準を遵守しなければならない。

一　市民全体の代表者として品位と名誉を損なうような一切の行為を慎み、その職務に関して不正の疑惑を持たれるおそれのある行為をしないこと。

二　市民全体の奉仕者として常に人格と倫理の向上に努め、その地位を利用していかなる金品も授受しないこと。

三　市（市が設立した公社並びに市が資本金、基本金その他これらに準ずるものの二分の一以上を出資し、又は拠出している公益法人、株式会社及び有限会社を含む。第四条において同じ。）が行う工事等の請負契約（下請負を含む。）、業務委託契約及び物品納入契約（以下「請負契約等」という。）並びに指定管理者の指定に関して特定の業者を推薦、紹介する等有利な取計いをしないこと。

四　市の職員の公正な職務の遂行を妨げ、又はその職権を不正に行使するよう働きかけないこと。

五　市の職員の採用、昇格又は異動に関して推薦又は紹介をしないこと。

六　政治活動に関して企業、団体から寄附を受けないこととし、資金管理団体についても政治的又は道義的批判を受けるおそれのある寄附を受けないこと。

2　市長等及び議員は、政治倫理に反する事実があるとの疑惑を持たれたときは、自ら清い態度をもって疑惑の解明に当たるとともに、その責任を明らかにしなければならない。

（請負契約等の辞退）

第四条　市長等及び議員が役員をし、若しくは実質的に経営に携わっている企業又は市長等及び議員の配偶者若しくは二親等以内の親族が役員をしている企業は、地方自治法（昭和二二年法律第六七号）第九二条の二、第一四二条、第一六六条及び一八〇条の五の規定の趣旨を尊重し、市が行う工事等の請負契約等を辞退し、市民に疑惑の念を生じさせないよう努めなければならない。

2　前項に規定する「実質的に経営に携わっている企業」とは、次に掲げるものをいう。

一　市長等及び議員が資本金その他これに準ずるものの三分の一以上を出資している企業

二　市長等及び議員が年額一〇〇万円以上の報酬（顧問料その他名目を問わない。）を収受している企業

三　市長等及び議員がその経営方針又は主要な取引に関与している企業

3　前二項の規定に該当する企業がある市長等及び議員は、市民に疑惑の念を生じさせないため、責任をもって関係企業の請負契約等の辞退届を提出しなければならない。

4　辞退届は、市長等及び議員の任期開始の日又は該当事由の発生した日から三〇日以内に、市長等にあっては市長に、議員にあっては議長に提出するものとする。

5　議員に係る辞退届については、議長は、その写しを速やかに市長に送付しなければならない。

6　市長は、辞退届の提出状況を広報紙等で速やかに公表しなければならない。
7　市は、辞退届を提出した企業と請負契約等を締結することができない。

（指定管理者の指定の禁止）
第五条　前条第一項に規定する企業又は団体は、地方自治法第二四四条の二第三項に規定する指定管理者となることができない。ただし、他に適当な指定管理者がない等やむを得ない事情のあるときは、この限りでない。

（資産等報告書の提出）
第六条　市長等及び議員は、毎年一月一日現在の資産、地位、肩書、前年一年間の収入、贈与及び税等の納付状態を記載した資産等報告書を毎年五月一五日から同月三一日までの間に、市長等にあっては市長に、議員にあっては議長に提出しなければならない。
2　市長等及び議員は、前項の資産等報告書と併せ、配偶者及び扶養又は同居の親族（以下「配偶者等」という。）の資産等報告書を提出しなければならない。
3　資産等報告書には、規則の定めるところにより、必要な証明書を添付しなければならない。

（資産等報告書の記載事項）
第七条　資産等報告書には、次の各号に掲げる事項を記載しなければならない。
一　資産
ア　土地　所在、地目、面積、取得の時期及び価額
イ　建物　所在、種類、構造、床面積、取得の時期及び価額

ウ　不動産に関する権利（借地権等）　権利の種類、契約期日及び契約価額
エ　預貯金　預入金融機関名、預貯金の種類及び金額、定期預金の預金日及び満期日
オ　動産　価格が五〇万円以上の動産の種類、数量、価額及び取得の時期（ただし、生活に必要な家具、什器及び衣類を除く。）
カ　信託　信託に関する権利の種類、受託者、信託財産の種類、数量、信託の時期及び価額
キ　有価証券　公債、社債、株式、出資その他の有価証券の明細、取得期日、取得価額、額面金額及び時価額
ク　ゴルフ会員権　クラブ等の名称、口数及び時価額
ケ　貸付金及び借入金　一件につき五〇万円以上の貸付金並びに借入金の明細、契約期日及び金額
コ　保証債務　金銭保証、身元保証等の保証責務の内容及び金額（ただし、金銭保証については、同一人に対し総額五〇万円未満のものを除く。）
サ　貯蓄性保険　貯蓄性の生命保険、損害保険等の種類、保険会社名、契約期日及び保険金額

二　地位及び肩書
ア　企業その他の団体における役職名、報酬（顧問料その他名目を問わない。）の有無及び金額（ただし、宗教的、社会的及び政治的団体を除く。）
イ　公職を退いた後の雇用に関する契約その他の取決めについての相手方及び条件

三　収入、贈与及びもてなし
ア　前年の給与、報酬、事業収入、配当金、利子、賃貸料、謝礼金、年金その他これらに類する収

入の出所及び金額

イ　前年における一出所当たり三万円以上の贈与並びにもてなし（交通、宿泊、飲食、娯楽等）の出所、内容及び金額又は価額

四　税等の納付状況

ア　所得税及び事業税の前年分、市県民税、固定資産税、国民健康保険料並びに軽自動車税の前年度分の納税状況

イ　普通地方公共団体に係る使用料等の前年度分の納付状況

（資産等報告書の公表）

第八条　議長は、第六条第一項の規定により提出された議員の資産等報告書の写しを速やかに市長に送付し、市長は、市長等の資産等報告書と併せ、これを毎年六月一五日までに市民の閲覧に供するとともに、その要旨を広報紙等に速やかに掲載しなければならない。ただし、証明書は、閲覧の対象としない。

2　資産等報告書の閲覧期間は、閲覧開始の日から五年間とする。

3　市民は、閲覧により知り得たことをこの条例の目的に沿うよう適正に利用しなければならない。

（資産等報告書の審査）

第九条　市長は、資産等報告書の写しを毎年六月一五日までに次条に定める政治倫理審査会に提出し、審査を求めなければならない。

（政治倫理審査会の設置）

第一〇条　資産等報告書の審査その他の処理を行うため、地方自治法第一三八条の四第三項の規定に基づき〇〇市政治倫理審査会（以下「審査会」という。）を置く。

（審査会の組織及び運営）

第一一条　審査会の委員は、七人とし、資産等報告書の審査等に関して専門的知識を有する者及び地方自治法第一八条に規定する選挙権を有する市民のうちから、市長が公正を期して委嘱する。

2　審査会の委員の任期は、二年とし、委員が欠けた場合における補欠委員の任期は、前任者の残任期間とする。ただし、委員は、任期が満了した場合においても、後任の委員が委嘱されるまでの間その職務を行う。

3　審査会の会議は、公開するものとする。ただし、やむを得ず非公開とするときは、委員定数の三分の二以上の委員の同意を必要とする。

4　審査会の委員は、職務上知り得た秘密を漏らしてはならない。

（審査会の職務）

第一二条　審査会は、次に掲げる職務を行う。

一　資産等報告書を審査し、意見書を市長に提出すること。

二　市民の調査請求に係る事案を調査・審査し、意見書を市長に提出すること。

三　その他、政治倫理の確立を図るため、市長の諮問を受けた事項について答申し、又は建議すること。

四　説明会を主宰すること。

（調査協力義務）
第一三条　首長等・議員は、審査会の調査に協力しなければならない。
2　首長等・議員が前項の調査に協力しなかったとき又は虚偽の報告をしたときは、審査会は、意見書にその旨を記載しなければならない。
（条例違反に対する措置の勧告）
第一四条　審査会は、この条例に違反する事実を認定したときは、意見書にその旨を記載しなければならない。この場合において、審査会は、違反者に対し必要な措置を勧告することができる。
2　前項の勧告は、首長等に係るものにあっては首長に、議員に係るものにあっては議長に対して行う。
3　首長又は議会は、審査会の勧告を尊重して、必要な措置をとらなければならない。
（意見書の公表）
第一五条　審査会は、第九条及び第一六条第二項の規定により調査・審査を求められた日から九〇日以内に、調査・審査の結果について意見書を作成し、市長に提出しなければならない。
2　市長は、意見書を速やかに市民の閲覧に供するとともに、その要旨を直近の広報紙等に掲載しなければならない。
3　意見書の閲覧期間は、閲覧開始の日から五年間とする。
（市民の調査請求権）
第一六条　市民は、次の各号に掲げる事由があるときは、これを証する資料を添えて、市長等に係るものにあっては市長に、議員に係るものにあっては議長に審査会の調査を請求することができる。

一　資産等報告書に疑義があるとき。
二　政治倫理規準に違反する疑いがあるとき。
三　請負契約の辞退及び指定管理者の指定禁止に違反する疑いがあるとき。
四　その他この条例に違反する疑いがあるとき。
2　前項の規定により調査の請求があったときは、議長は、議員に係る調査請求書（添付資料を含む。この項において同じ。）の写しを速やかに市長に送付し、市長は、市長等又は議員に係る調査請求書の写しを速やかに審査会に提出し、調査を求めなければならない。
3　市長は、前項の規定により審査会の意見書が提出されたときは、調査請求者、調査対象者及び議員に係るものにあっては議長に対し、その写しを速やかに送付するとともに、市民の閲覧に供しなければならない。
（逮捕後の説明会）
第一七条　市長等及び議員が刑事犯の容疑による逮捕後も、その職にとどまろうとするときは、市長等にあっては市長に、議員にあっては議長に、市民に対する説明会の開催を求めることができる。
（起訴後の説明会）
第一八条　市長等及び議員が刑事犯の容疑による起訴後、引き続きその職にとどまろうとするときは、市長等にあっては市長に、議員にあっては議長に、市民に対する説明会の開催を求めなければならない。
2　前条又は前項の規定による説明会が開催されないときは、市民は、地方自治法第一八条に定める選挙権を有する者五〇人以上の連署をもって、説明会の開催を請求することができる。

3　前項の開催請求は、逮捕後の説明会にあっては起訴又は不起訴の処分がされるまでの間に、起訴後の説明会にあっては起訴された日から五〇日以内に、市長等に係るものにあっては市長に、議員に係るものにあっては議長に対して行うものとする。

4　議長は、議員に係る説明会の開催請求があったときは、開催請求書の写しを速やかに市長に送付しなければならない。

5　市長は、説明会の開催請求書の写しを速やかに審査会に送付し、説明会の開催及び主宰を求めなければならない。

（説明会の主宰）

第一九条　説明会は、審査会が主宰する。

（一審有罪判決後の説明会）

第二〇条　前二条の規定は、市長等又は議員が刑事犯で一審有罪判決の宣告を受け、なお引き続きその職にとどまろうとする場合に準用する。ただし、開催請求の期間は、判決のあった日から三〇日を経過した日以後一〇日以内とする。

（刑の確定後の措置）

第二一条　市長等又は議員が刑事犯で有罪判決の宣告を受け、刑が確定したときは、公職選挙法（昭和二五年法律第一〇〇号）第一一条第一項の規定により失職する場合を除き、当該市長等又は議員は、辞職するものとする。

（委任）

第二三条　この条例の施行に関し必要な事項は、規則で定める。

附　則

この条例は、平成○年○月○日から施行する。

《資料》モデル条例

【著者略歴】
斎藤　文男（さいとう　ふみお）
1932年生まれ。京都大学法学部卒業、大阪市立大学大学院法学研究科修士課程修了
九州大学教養部教授、法学部教授を経て
現在、九州大学名誉教授。憲法専攻

［主な著書］
- 『問われた報道の自由』編著、法律文化社、1971年
- 『知る権利』共著、有斐閣、1974年
- 『政治倫理条例のつくり方——地方からの政治改革』自治体研究社、1999年
- 『指定管理者と情報公開——ブラックボックスにさせないための条件』自治体研究社、2006年
- 『ポピュリズムと司法の役割——裁判員制度にみる司法の変質』花伝社、2018年
- 『多数決は民主主義のルールか？』花伝社、2021年

市民がつくる政治倫理条例

2022年4月25日　初版発行

著　者　斎藤文男
発行人　武内英晴
発行所　公人の友社
〒112-0002　東京都文京区小石川5－26－8
TEL　03－3811－5701
FAX　03－3811－5795
Eメール　info@koujinnotomo.com
http://koujinnotomo.com/

ISBN978-4-87555-878-1

公人の友社 出版図書目録

●ご注文はお近くの書店へ
小社の本は、書店で取り寄せることができます。
●直接注文の場合は
電話・FAX・メールでお申し込み下さい。
（送料は実費、価格は本体価格）

［単行本］

フィンランドを世界一に導いた100の社会改革
編著 イルカ・タイパレ
訳 山田眞知子 2,800円

公共経営学入門
編著 ボーベル・ラフラー
訳 みえガバナンス研究会
監修 稲澤克祐、紀平美智子 2,500円

自治体職員研修の法構造
田中孝男 2,800円

自治基本条例は活きているか?!
〜ニセコ町まちづくり基本条例の10年
編 木佐茂男・片山健也・名塚昭 2,000円

国立景観訴訟〜自治が裁かれる
編著 五十嵐敬喜・上原公子 2,800円

成熟と洗練〜日本再構築ノート
松下圭一 2,500円

地方自治制度「再編論議」の深層
監修 木佐茂男 青山彰久・国分高史 1,500円

韓国における地方分権改革の分析〜弱い大統領と地域主義の政治経済学
尹誠國 1,400円

自治体国際政策論
自治体国際事務の理論と実践
楠本利夫 1,400円

自治体職員の「専門性」概念
可視化による能力開発への展開
林奈生子 3,500円

アニメの像 VS. アートプロジェクト
まちとアートの関係史
竹田直樹 1,600円

NPOと行政の《協働》活動における「成果要因」
成果へのプロセスをいかにマネジメントするか
矢代隆嗣 3,500円

おかいもの革命
消費者と流通販売者の相互学習型プラットホームによる低酸素型社会の創出
編著 おかいもの革命プロジェクト 2,000円

原発再稼働と自治体の選択
原発立地交付金の解剖
高寄昇三 2,200円

総合計画の新潮流
自治体経営を支えるトータル・システムの構築
監修・著 玉村雅敏
編集 日本生産性本部 2,400円

総合計画の理論と実務
行財政縮小時代の自治体戦略
編著 神原勝・大矢野修 3,400円

自治体の人事評価がよくわかる本
これからの人材マネジメントと人事評価
小堀喜康 1,400円

だれが地域を救えるのか
作られた「地方消滅」 島田恵司 1,700円

分権危惧論の検証
教育・都市計画・福祉を題材にして
編著 嶋田暁文・木佐茂男
著 青木栄一・野口和雄・沼尾波子 2,000円

地方自治の基礎概念
住民・住所・自治体をどうとらえるか?
編著 嶋田暁文・阿部昌樹・木佐茂男
著 太田匡彦・金井利之・飯島淳子 2,600円

松下圭一*私の仕事—著述目録
松下圭一 1,500円

地域創成への挑戦
住み続ける地域づくりの処方箋
監修・著 長瀬光市
著 縮小都市研究会 2,600円

自治体広報はプロションの時代からコミュニケーションの時代へ
マーケチィングの視点が自治体の行政広報を変える
鈴木勇紀 3,500円

「大大阪」時代を築いた男
評伝・関一（第7代目大阪市長）
大山　勝男　2,600円

自治体議会の政策サイクル
議会改革を住民福祉の向上につなげるために
編著 江藤俊昭
著 石堂一志・中道俊之・横山淳・西科純　2,300円

挽歌の宛先　祈りと震災
編著　河北新報社編集局　1,600円

新訂　自治体法務入門
編　田中孝男・木佐茂男　2,700円

福島インサイドストーリー
役場職員が見た避難と震災復興
編著　今井照・自治体政策研究会　2,400円

原発被災地の復興シナリオ・プランニング
編著　金井利之・今井照　2,200円

自治体の政策形成マネジメント入門
矢代隆嗣　2,700円

介護保険制度の強さと脆さ
2018年改正と問題点
編著　鏡諭　企画東京自治研究センター　2,600円

神戸・近代都市の形成
高寄　昇三　5,000円

「縮小社会」再構築
安心して幸せにくらせる地域社会づくりのために
長瀬光市【監修・著】/縮小都市研究会【著】　2,500円

合併しなかった自治体の実際
非合併小規模自治体の現在と未来
木佐茂男【監修】／原田晃樹／杉岡秀紀【編著】　1,900円

住民監査請求制度がよくわかる本
平成29年改正
田中　孝男　1,800円

池袋・母子餓死日記
覚え書き（全文）（新装版）
公人の友社【編】　1,800円

世界遺産・ユネスコ精神
平泉・鎌倉・四国遍路
五十嵐　敬喜・佐藤　弘弥【編著】　3,200円

ひとりでできる、職場でできる、自治体の業務改善
時間の創出と有効活用
矢代　隆嗣　2,200円

ひとり戸籍の幼児問題とマイノリティの人権に関する研究
稲垣　陽子　3,700円

離島は寶島
沖縄の離島の耕作放棄地研究
齋藤　正己　3,800円

「地方自治の責任部局」の研究
その存続メカニズムと軌跡（1947-2000）
谷本有美子　3,500円

自治体間における広域連携の研究
大阪湾フェニックス事業の成立継続要因
樋口浩一　3,000円

グリーンインフラによる都市景観の創造
金沢からの「問い」
金沢大学地域政策研究センター【企画】
菊地直樹・上野裕介【編】　1,000円

議員のなり手不足問題の深刻化を乗り越えて
地域と地域民主主義の危機脱却手法
江藤俊昭　2,000円

人口減少時代の論点90
井上正良・長瀬光市・増田勝　2,000円

フランスの公務員制度と官製不安定雇用
図書館職を中心に
薬師院はるみ　2,000円

総合計画を活用した行財政運営と財政規律
鈴木洋昌　3,000円

議会が変われば自治体が変わる
【神原勝・議会改革論集】
神原勝　3,500円

近代日本都市経営史・上巻
高寄昇三　5,000円

図解・こちらバーチャル区役所の空き家対策相談室です
空き家対策を実際に担当した現役行政職員の研究レポート
松岡政樹　2,500円

図解・空き家対策事例集
「大量相続時代」の到来に備えて
松岡政樹　2,000円

縮小時代の地域空間マネジメント
ベッドタウン再生の処方箋
監修・著　長瀬光市
著・縮小都市研究会　2,400円

「大阪都構想」ハンドブック
「特別区設置協定書」を読み解く
編著　大阪の自治を考える研究会
909円

大阪市会議員川嶋広稔の
とことん真面目に大阪都構想の「真実」を語る！
川嶋　広稔　909円

非常事態・緊急事態と議会・議員
自治体議会は危機に対応できるのか
新川達郎・江藤俊昭　2,700円

NPOと行政の協働事業マネジメント
共同から〝協働〟により地域問題を解決する
矢代隆嗣　2,700円

住民論
統治の対象としての住民から自治の主体としての住民へ
渡部朋宏 3,200円

市民自治創生史
古代ギリシアから現代
神谷秀之 2,300円

自治体経営の生産性改革
総合計画によるトータルシステム構築と価値共創の仕組みづくり
玉村雅敏 編著 2,000円

原発避難者「心の軌跡」
実態調査10年の〈全〉記録
今井照・朝日新聞福島総局 編著 2,700円

災害連携のための自治体「応援職員ハンドブック」
東日本大震災のデータと事例から 2,000円

コロナ不安を生きるヒント
聖書を手がかりに
関根英雄・和気香子 1,600円

ドラッカー × 社会学
コロナ後の知識社会へ
井坂康志・多田治 1,300円

ポストマスツーリズムの地域観光政策
新型コロナ危機以降の観光まちづくりの再生へ向けて
上山肇・須藤廣・増淵敏之 2,500円

地域貢献
住民と建築士が取り組んだ《連携・協働》の記録
長瀬光市・飯田正典編著
(一社)神奈川県建築士会地域貢献出版チーム著 2,000円

エビデンスに基づいた政策決定(EBPM)
横浜市のIR推進から考える
神奈川大学法学研究所 2,000円

[法政大学人間環境学部サステイナビリティブックレット]

No.1
生業と地域社会の復興を考える～宮城県石巻市北上町の事例から
西城戸誠・平川全機編著、宮内泰介・黒田暁・髙﨑優子・庄司知恵子・武中桂・図司直也・鬼頭秀一・関礼子著
900円

No.2
13歳からの大学講義
Beyond SDGs!
法政大学人間環境学部編著、武貞稔彦・吉永明宏・平野井ちえ子・高橋五月・竹本研史・梶裕史・松本倫明・杉戸信彦・宮川路子・佐伯英子・藤倉良・長谷川直哉・小島聡・岡松暁子・湯澤規著
900円

[京都府立大学京都地域未来創造センターブックレット]

No.1
地域貢献としての「大学発シンクタンク」
京都政策研究センター(KPI)の挑戦
編著 青山公三・小沢修司・杉岡秀紀・藤沢実 1,000円

No.2
もうひとつの「自治体行革」
住民満足度向上へつなげる
編著 青山公三・小沢修司・杉岡秀紀・藤沢実 1,000円

No.3
地域力再生とプロボノ
行政におけるプロボノ活用の最前線
編著 杉岡秀紀、著青山公三・鈴木康久・山本伶奈 1,000円

No.4
地域創生の最前線
地方創生から地域創生へ
監修・解説 増田寛也
編著 青山公三・小沢修司・杉岡秀紀・菱木智一 1,000円

No.6
人がまちを育てる
ポートランドと日本の地域
企画 京都府立大学京都地域未来創造センター、編著 川勝健志
1,000円

[福島大学ブックレット「21世紀の市民講座」]

No.2
自治体政策研究ノート
今井照 900円

No.3
住民による「まちづくり」の作法
今西一男 1,000円

No.4
格差・貧困社会における市民の権利擁護
金子勝 900円

No.6
今なぜ権利擁護か
ネットワークの重要性
高野範城・新村繁文 1,000円

No.7
小規模自治体の可能性を探る
保母武彦・菅野典雄・佐藤力・竹内是俊・松野光伸 1,000円

No.8
小規模自治体の生きる道
連合自治の構築をめざして
神原勝 900円

No.9
文化資産としての美術館利用
地域の教育・文化的生活に資する方法研究と実践
辻みどり・田村奈保子・真歩仁しょうん 900円

No.10
フクシマで〝日本国憲法〈前文〉〟を読む
家族で語ろう憲法のこと
金井光生 1,000円

［自治総研ブックレット］

No.22
自治体森林政策の可能性
～国税森林環境税・森林経営管理法を手がかりに
飛田博史編・諸富徹・西尾隆・相川高信・木藤誠・平石稔・今井照　1,500円

No.23
原発災害で自治体ができたことできなかったこと
～自治体の可能性と限界を考える
今井照編・阿部昌樹・金井利之・石田仁・西城戸誠・平岡路子・山下祐介　1,500円

No.24
未完の「公共私連携」
～介護保険制度20年目の課題
上林陽治編・大森彌・高端正幸・堀越栄子・森安東光・今井照　1,500円

No.25
自治から考える「自治体DX」
～「標準化」「共通化」を中心に
其田茂樹編・牧原出・松岡清志・三木由希子・武藤博己・今井照　1,500円

［自治総研ブックス］

No.16
国税・森林環境税
～「問題だらけの増税
青木宗明編著／著飛田博史・吉弘憲介・其田茂樹・清水雅貴・佐藤一光　2,200円

［北海道自治研ブックレット］

No.1
市民・自治体・政治
再論・人間型としての市民
松下圭一　1,200円

No.3
福島町の議会改革
議会基本条例＝開かれた議会づくりの集大成
溝部幸基・石堂一志・中尾修・神原勝　1,200円

No.4
議会改革はどこまですすんだか
改革8年の検証と展望
神原勝・中尾修・江藤俊昭・廣瀬克哉　1,200円

No.5
ここまで到達した芽室町議会改革
芽室町議会改革の全貌と特色
広瀬重雄・西科純・蘆田千秋・神原勝　1,200円

No.6
国会の立法権と地方自治
憲法・地方自治法・自治基本条例
西尾勝　1,200円

［地方自治ジャーナルブックレット］

No.33
都市型社会と防衛論争
松下圭一　900円

No.34
中心市街地の活性化に向けて
山梨学院大学行政研究センター　1,200円

No.36
行政基本条例の理論と実際
神原勝・佐藤克廣・辻道雅宣　1,100円

No.37
市民文化と自治体文化戦略
松下圭一　800円

No.41
市民自治の制度開発の課題
山梨学院大学行政研究センター　1,200円

No.43
分権改革と政治改革
西尾勝　1,200円

No.44
自治体人材育成の着眼点
浦野秀一・井澤壽美子・野田邦弘・西村浩・三関浩司・杉谷戸知也・坂口正治・田中富雄　1,200円

No.47
地方政府と政策法務
加藤良重　1,200円

No.48
政策財務と地方政府
加藤良重　1,400円

No.49
政令指定都市がめざすもの
高寄昇三　1,400円

No.51
討議する議会
自治体議会学の構築をめざして
江藤俊昭　1,200円

No.55
「大阪都構想」を越えて
問われる日本の民主主義と地方自治
（社）大阪自治体問題研究所　1,200円

No.57
なぜ自治体職員にきびしい法遵守が求められるのか
加藤良重　1,200円

No.58
東京都区制度の歴史と課題
都区制度問題の考え方
著：栗原利美、編：米倉克良　1,400円

No.61
いま、なぜ大阪市の消滅なのか
「大都市地域特別区法」の成立と今後の課題
編著：大阪自治を考える会　800円

No.63
大阪市廃止・特別区設置の制度設計案を批判する
いま、なぜ大阪市の消滅なのかPart2
編著：大阪自治を考える会　900円

No.64
自治体学とはどのような学か
森啓　1,200円

No.67
いま一度考えたい大阪市の廃止・分割
その是非を問う住民投票を前に
大阪の自治を考える研究会　926円